AF622831

BIZANCIO

Peter Sarris

Bizancio

Una breve introducción

ERASMUS

2024

ERASMUS EDICIONES

Primera edición: mayo de 2024
Título original: *Bizantium. A very short introduction*

© de esta edición: Editorial Erasmus, 2024
© de la obra: Peter Sarris, 2024
Director: Raúl López López
Posedición y corrección: Carmen Acuña Bueno
Diseño de cubierta: estudiodavinci
Maquetación: Alberto R. Torices

www.editorialalmuzara.com

pedidos@almuzaralibros.com info@almuzaralibros.com

I.S.B.N: 978-84-10199-89-7
Depósito Legal: CO-627-2024

Imprime y encuaderna: Gráficas La Paz

Hecho e impreso en España *Made and printed in Spain*

ÍNDICE

PREFACIO

Este libro se completó en el transcurso de una beca de verano en la Dumbarton Oaks Research Library de Washington, DC, mientras trabajaba en un estudio sobre las «Novelas» del emperador Justiniano. Me gustaría dar las gracias a Margaret Mullett por su hospitalidad en Dumbarton Oaks (en esta visita y en otra anterior), así como a Deb Stewart y a los demás bibliotecarios por su ayuda. También quiero dar las gracias al Consejo de Administración de la Universidad de Harvard por haberme concedido la beca y a Jenny Nugee, de la OUP, por su paciencia.

Uno de los primeros borradores de este libro se benefició de los comentarios de Turlough Stone, a quien estoy muy agradecido. La comprensión de Bizancio que se expone en los capítulos que siguen inevitablemente debe mucho a quienes me enseñaron estudios bizantinos en Oxford (especialmente James Howard-Johnston, Cyril Mango y Marlia Mundell Mango), así como al trabajo de amigos y colegas como (aunque no exclusivamente) Mark Whittow, Catherine Holmes, Peter Frankopan y Teresa Shawcross.

En este libro se hace especial hincapié en la guerra y su impacto en la política y la cultura bizantinas. Al fin y al cabo, Bizancio fue un imperio que vivió y murió por la espada. Sin embargo, si este libro se centra más en la alta cultura que en las estructuras económicas, o se fija más en las políticas de los emperadores que en las vidas de los campesinos, no es porque considere que estos temas carezcan de importancia, sino más bien porque los trato con mucho detalle en mis otros escritos.

Peter Sarris
Cambridge, 2014

ÍNDICE DE ILUSTRACIONES

ÍNDICE DE MAPAS*

* A partir de *The Oxford History of Byzantium,* editado por Cyril Mango (2002).

I

¿QUÉ ERA BIZANCIO?

El cuerpo orgánico cantó unido;
Los dialectos del mundo surgieron en Bizancio;
Volvieron a cantar en Bizancio;
Las calles repiten el sonido del Trono

Charles Williams, *La visión del Imperio*

Fe, razón e imperio

Hoy vivimos en un mundo en el que el fundamentalismo religioso de todo tipo va en aumento, y en el que la elevación de la Razón por encima de la Fe, que fue uno de los grandes logros intelectuales y culturales de la Ilustración del siglo XVIII, se ve cada vez más contestada y cuestionada públicamente. Algunos exponentes de la religión fundamentalista rechazan incluso los frutos de la ciencia y la tecnología modernas, por considerarlos moralmente corruptores. Así, en el casco antiguo de Jerusalén, las paredes están cubiertas de carteles en hebreo que denuncian a quienes utilizan Internet o son vistos con teléfonos inteligentes. Sin embargo, muchos otros (especialmente los fundamentalistas islámicos) han aprovechado las oportunidades que ofrece la ciencia (sobre todo la moderna tecnología de las comunicaciones) para difundir su mensaje y presionar a su favor. La ciencia se pone así al servicio de lo que ellos consideran la verdadera religión.

Quienes contemplan el mundo desde una perspectiva laicista pueden considerar incongruente tal postura, pero es de hecho la oposición que la Ilustración estableció entre Razón y Fe lo que constituye, en cierto sentido, la anomalía histórica. Nada lo resume mejor que la historia del Imperio cristiano, gobernado durante más de mil años desde la gran ciudad de Constantinopla, que conocemos como Bizancio.

Desde el punto de vista de la ideología oficial y la propaganda de sus gobernantes, Bizancio no era sólo una sociedad fundamentalmente cristiana, presidida por un emperador que era el representante de Dios en la tierra. Muchos creían también que el imperio constituía una parte central de la dispensación divina de Dios a la humanidad. Entendido en términos místicos, el imperio terrenal que emanaba de Constantinopla se fundía, fusionaba y unía con el reino celestial de Cristo.

En ese sentido, era una sociedad más profundamente religiosa en términos de su ideología central que cualquiera de las otras sociedades, reinos e imperios de su entorno. Algunos afirmaban que en Bizancio el cielo y la tierra eran uno. Pero, al mismo tiempo, era la más avanzada tecnológica y científicamente de las potencias del mundo euroasiático occidental de principios de la Edad Media, capaz de aterrorizar a los atacantes musulmanes con su arma secreta del «fuego griego» (probablemente un compuesto a base de petróleo que se introducía por sifones y se incendiaba para destruir barcos y enemigos) y de asombrar a los visitantes del Occidente latino con los grandes ingenios mecánicos que adornaban los espacios públicos de la capital y rodeaban al emperador en su corte.

Por supuesto, fue precisamente porque Bizancio era representada como una sociedad fundamentalmente religiosa por lo que los escritores y pensadores de la Ilustración la despreciaron tanto, y fue por su desprecio por lo que hasta hace relativamente poco la historia de Bizancio ha sido tan descuidada en las escuelas y universidades.

Para Edward Gibbon, cuya *Decadencia y caída del Imperio Romano* iba a dejar tanta huella en la mente educada anglófona, la historia bizantina era «un relato tedioso y uniforme de debilidad y miseria». «En el trono, en el campo, en las escuelas», declaró, «buscamos quizás con infructuosa diligencia los nombres y personajes que merecen ser rescatados del olvido». Para Voltaire, se trataba de «una inútil colección de oraciones y milagros... una vergüenza para la mente humana». Su colega francés Montesquieu coincidió con él y describió la complicada política del imperio como «nada más que un tejido de rebeliones, sediciones y traiciones».

Es a Montesquieu a quien debemos el uso del término «bizantino» para referirse a la complejidad burocrática crónica, las intrigas interminables y la corrupción endémica. El sumo sacerdote alemán de la razón, Hegel, no fue menos crítico, informando a su lector de la historia del imperio de que «su aspecto general presenta un cuadro repugnante de imbecilidad; pasiones miserables, incluso dementes, sofocan el crecimiento de todo lo que es noble en pensamientos, actos y personas». Políticamente despótica y profundamente pietista, la Santa Bizancio era representada como una prisión del intelecto y del alma. Como resultado, se desestimaron los logros intelectuales y científicos de Bizancio y se ignoraron los indicios de que poseía una cultura religiosa más diversa de lo que sancionaba su ideología oficial.

Incluso los autores románticos y los poetas místicos, como W. B. Yeats y Charles Williams, que se sintieron atraídos por la cultura de Bizancio en los siglos XIX y XX, se sintieron atraídos precisamente por su supuesta marginación de la Razón y la consiguiente elevación de lo sublime. Quizá fuera una pequeña bendición para una civilización tan denostada que Sir Walter Scott nunca llegara a terminar su novela bizantina ambientada en la época de las Cruzadas, *El conde Roberto de París*. Fue una de sus obras más turgentes (aunque, hay que reconocerlo, la escribió después de haber sido trepanado).

En las páginas que siguen veremos que Bizancio fue una cultura y una sociedad mucho más complejas de lo que sus críticos ilustrados o sus devotos románticos estaban dispuestos a admitir, y es precisamente esta complejidad lo que la hace tan fascinante. Bizancio era una sociedad cristiana en la que monjes y eclesiásticos, así como laicos cristianos, conservaban los frutos de la filosofía, la literatura y el saber clásicos griegos (y paganos). Por ello, siempre generaría individuos que, a través de sus lecturas, llegarían a preferir a Homero antes que a Cristo, o a Platón antes que a San Pablo.

Era una cultura que tendía a evitar la innovación, pero que mezclaba pueblos sometidos de orígenes tan diversos que no pudo evitar engendrar muchos estilos y formas literarios, artísticos y arquitectónicos nuevos. Fue una potencia mundial que durante siglos estuvo en conflicto con el mundo islámico, pero que aprendió a convivir y a tratar con su vecino de forma pragmática y sutil, evitando gran parte de la demonización del «otro» que caracterizaría muchas respuestas latinas y occidentales al Oriente musulmán. También fue una economía que, durante muchos siglos, conservó gran parte de la sofisticación económica de la antigüedad que Europa occidental perdió en el siglo v con la desaparición del control romano.

Por encima de todo, fue una civilización de la que ningún Estado nación o sistema político moderno puede afirmar que desciende, o sobre cuyo legado ningún pueblo puede reclamar el monopolio. No sólo los griegos, sino también los turcos, no sólo los rusos y los serbios, sino también muchos armenios, georgianos, sirios y otros, todos pueden reclamar, de diferentes maneras (y en diferentes grados) ser herederos del Imperio de Bizancio o de aspectos de su legado.

¿Por qué «Bizancio»?

«El Imperio cristiano que conocemos como Bizancio» es como se describe el Imperio bizantino en la sección anterior. Esto se debe a que muy pocos de los que vivían en el imperio se describían a sí mismos como «bizantinos». El adjetivo *Byzantinos* se utilizaba a veces para describir a los habitantes de Constantinopla, conocida en griego como *Byzantion* hasta que el emperador Constantino decidió rebautizarla en su honor (*Konstantinoupolis Nea Romê,* «la ciudad de Constantino, la Nueva Roma») año 325.

Sin embargo, incluso ese uso de «bizantino» fue en gran medida una afectación literaria. El término «bizantino» lo tomó prestado en el siglo XVI el erudito clásico alemán Hieronymus Wolf (1516-80), que lo utilizó para describir a una serie de autores en lengua griega que escribían sobre asuntos imperiales. En el siglo XVII, los eruditos de la corte de los reyes franceses Luis XIII y Luis XIV, que patrocinaron la publicación de una serie de textos griegos «bizantinos», mantuvieron su vigencia. A partir de entonces, la etiqueta se mantuvo, aunque algunos estudiosos modernos de Bizancio prefieren describir el imperio y su civilización como «romanos orientales».

Esto se debe a que todos los emperadores «bizantinos», y muchos de sus súbditos, siempre se consideraron romanos, y el imperio en el que vivían, la continuación directa del Imperio Romano de Augusto y Marco Aurelio. Bizancio no era «heredera» de Roma:

era Roma. En griego, se llamaban a sí mismos «romanos» (*rhomaioi*), del mismo modo que los turcos modernos siguen refiriéndose a muchos cristianos de habla griega (como los de Chipre y los últimos restos de la comunidad griega de Estambul) no como griegos, sino como *rum*. En su propia imaginación, eran tan romanos como Livio y Cicerón. Para entender por qué, tenemos que remontarnos a una serie de luchas por el poder que casi desgarraron el mundo romano en los siglos III y IV. En particular, debemos fijarnos en la figura del emperador Constantino y su dinastía.

De Diocleciano a Constantino

A principios del siglo III d. C., el Imperio Romano se había expandido desde la ciudad de Roma hasta abarcar una vasta franja de territorio y un conjunto diverso de pueblos sometidos, desde Britania en el oeste hasta Siria en el este, y desde el río Danubio en el norte hasta los lejanos confines del Alto Egipto y las montañas del Atlas en el sur (véase el mapa 1). Los romanos lo habían conseguido gracias a brillantes hazañas armamentísticas, a una gran astucia diplomática y al cuidadoso fomento y conciliación de las ambiciones y expectativas de los poderosos locales de aquellas regiones sobre las que los romanos aspiraban a extender su control. A quienes estaban dispuestos a cooperar con Roma y a adoptar sus valores y su cultura, se les concedía estatus, honor y rango, y se les

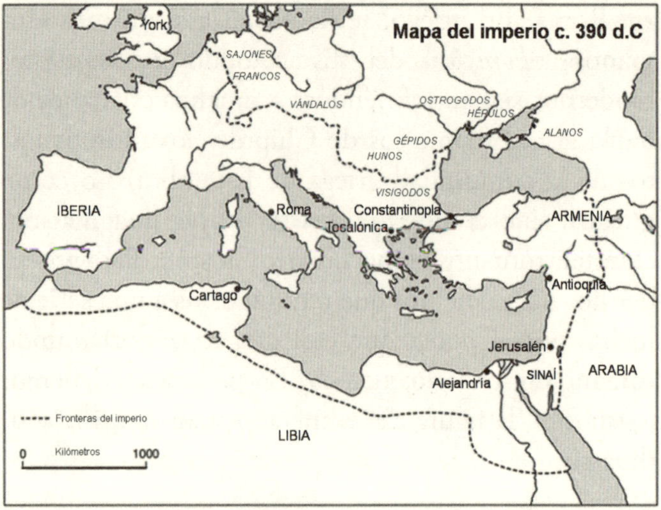

Mapa 1. El Imperio Romano *c.* 390. A partir de *TThe Oxford History of Byzantium*, editado por Cyril Mango (2002).

confiaba gran parte del gobierno y la administración cotidianos de los territorios en los que vivían.

El mundo que el Imperio Romano creó con sus esfuerzos se basaba fundamentalmente en las ciudades. Es decir, las élites regionales cooptadas en el proyecto de imperio vivían en centros urbanos monumentales denominados *civitates* en latín, o *poleis* en griego. Allí se organizaban en consejos municipales denominados *curiae* o *boulai*. El emperador gobernaba principalmente a través de estos consejos, cuya voluntad era transmitida a los concejales a través de los gobernadores nombrados por el imperio, quienes, a su vez, informaban al emperador y al Senado de Roma sobre el estado de las provincias. Este sistema relativamente descentralizado facilitaba el gobierno sobre la enorme extensión del imperio, aunque los más altos cargos del Estado seguían siendo competencia de un orden senatorial marcadamente conservador, de raíces italianas y centrado en la ciudad de Roma.

Este sistema se vio sometido a una gran presión a mediados del siglo III. El contacto económico y político entre Roma y los diversos pueblos bárbaros situados más allá del Rin y el Danubio, al norte, socavó las estructuras sociales autóctonas y relativamente igualitarias de estos últimos y propició la aparición entre ellos de tribus y confederaciones cada vez más numerosas, más capaces de desafiar el dominio romano de la zona fronteriza.

Al mismo tiempo, en los últimos años del siglo II, el Imperio Romano había ampliado su frontera oriental a expensas de los persas. Esta derrota a manos de Roma provocó la caída de la dinastía arsácida en el poder y, tras una lucha en la que distintos intereses aristocráticos pugnaban por la supremacía, su sustitución a la cabeza del mundo persa por la dinastía sasánida.

En septiembre de 226, en el palacio de Ctesifonte, fue coronado el primer sha sasánida, Ardashir. Ardashir pronto intentó unir a la aristocracia persa en torno a él lanzando una serie de ofensivas contra los romanos que le granjearon prestigio. Esta política de agresión fue seguida por su hijo y sucesor Shapur I, quien en el año 260 lanzó una audaz campaña en el norte de Siria, saqueando Antioquía y capturando y humillando al emperador Valeriano.

En respuesta a esta crisis, se produjo una revolución social. El emperador, hasta entonces nombrado por el Senado de Roma, pasó a ser nombrado cada vez más por el ejército. Como era de esperar, el ejército comenzó a nombrar a hombres de sus propias filas. El resultado fue una serie de emperadores militares de origen humilde, absolutamente comprometidos con la ideología del imperio, pero impacientes ante el fracaso. Este proceso culminó en 284 con la figura de Diocleciano, que superó a sus rivales, se erigió en emperador y emprendió una serie de exitosas campañas contra enemigos internos y externos por igual.

La paz que Diocleciano devolvió al imperio le dio la oportunidad de consolidar una serie de reformas administrativas. Se introdujo un sistema de reparto del poder para dotar al imperio de un liderazgo más descentralizado y cercano a las posibles fuentes de amenaza militar. Este sistema acabaría adoptando la forma de la «tetrarquía» (o «regla de los cuatro»), en virtud de la cual el imperio se dividía entre dos *Augusti* o emperadores —uno para hacer frente a los enemigos de oriente y otro para los de occidente—, cada uno de los cuales designaba también a un lugarteniente o *césar*. Estos *supremos* del poder imperial residían en las capitales imperiales más cercanas a las fronteras del imperio, como Tréveris, en el oeste, o Antioquía, en el este.

Al mismo tiempo, se reestructuró el sistema administrativo y fiscal para facilitar un mayor control imperial de la vida provincial. Se separaron los mandos militares y civiles en las provincias y se aumentó el tamaño del ejército. Se redujo el tamaño de las provincias y se aumentó su número para reforzar la supervisión central de los ayuntamientos.

Como resultado de la expansión del ejército y de la ampliación de la burocracia imperial, el número de funcionarios civiles y militares de alto rango empleados directamente por el gobierno imperial central parece haberse más que duplicado. Estos funcionarios se reclutaban principalmente entre los elementos dominantes de los ayuntamientos provinciales del imperio. Paralelamente a estos cambios, se les fue abriendo cada vez más el acceso al orden senatorial.

Surgió así una nueva aristocracia imperial de servicio que empezó a dominar la política imperial. Esta reconfiguración del poder en el mundo romano condujo a un desplazamiento del poder y la influencia hacia las provincias orientales del imperio, principalmente de habla griega, donde residía en última instancia el emperador principal, con el fin de vigilar de cerca a la gran superpotencia rival de Roma, el recién beligerante Imperio persa.

Este hecho tendría implicaciones cada vez más marcadas en la cultura política del Imperio Romano y, en particular, en el comportamiento y la conducta de los emperadores y de quienes les rodeaban. Hasta el ascenso político del hijo adoptivo de Julio César, Octavio, que derrotó a su rival Marco Antonio en el año 31 a. C., el Imperio Romano había sido una república, teóricamente gobernada por el Senado y el Pueblo de Roma.

Fue Octavio (que adoptó el título de *Augusto,*

que significa algo así como «venerable» o «sobrehumano») el primero en erigirse en emperador. Sin embargo, Octavio había dejado intactas las instituciones republicanas de la constitución romana bajo su propia autoridad suprema, y presentó el cargo imperial como una especie de conglomerado de cargos republicanos. De este modo, no se presentaba a sí mismo como el señor del mundo romano (que en realidad lo era), sino como el magistrado jefe de la República romana. En estos términos republicanos se entendió inicialmente el cargo imperial en gran parte de las provincias occidentales de habla latina del imperio, donde las élites locales habían aprendido y adquirido su cultura política de Roma.

Por el contrario, en las provincias orientales del Imperio, de habla principalmente griega, la cultura política era muy diferente. A excepción de Grecia, estos territorios habían estado gobernados por las grandes monarquías de Persia y Egipto, cuyos reyes eran considerados dioses. Estos gobernantes, a su vez, solían considerar a sus súbditos poco menos que proverbiales (o reales) esclavos. La cultura profundamente arraigada de la monarquía divina en estas regiones se había conservado esencialmente en el siglo IV a. C., cuando estas tierras fueron conquistadas por el ardiente genio de Alejandro Magno de Macedonia, a quien le costó poco convencer de que él también era un dios.

Aunque Alejandro y sus herederos habían logrado helenizar a las élites locales de Egipto, Siria y Palestina, impartiéndoles la lengua griega y la cultura intelectual griega, el estilo de gobierno adoptado por los reyes macedonios estaba necesariamente moldeado para satisfacer las expectativas locales. Su vocabulario político de monarquía divina se había transmitido a los romanos a medida que el poder romano, a su vez, se había expandido hacia el este.

En la gran ciudad de Éfeso, por ejemplo, las inscripciones que honraban a los emperadores en latín les otorgaban títulos republicanos como *Pontifex Maximus* (que significa sumo sacerdote del colegio de pontífices de Roma), mientras que en griego declaraban que el emperador era el *autokrator*, o «único gobernante». En otros lugares de Oriente, el emperador era descrito como el *kosmokrator* («gobernante del mundo») y sus súbditos romanos nacidos libres como sus *douloi* («esclavos»).

La cultura política de las provincias orientales de habla griega de Roma tenía una tendencia natural a irradiarse hacia el oeste. Pero la influencia de esa cultura se vio reforzada e intensificada por la institución de la Tetrarquía y la decisión de Diocleciano de establecerse en Oriente. Esto significaba que el emperador mayor operaba en un contexto político en el que la tradición de la monarquía divina estaba en su punto más fuerte, y donde, para proyectar su poder con eficacia, tenía que proyectarlo en esos términos.

Como un contemporáneo cercano, Aurelius Victor, declaró de Diocleciano:

> Era un gran hombre, pero con los siguientes hábitos: fue el primero en querer una túnica tejida con

> oro, y sandalias con mucha seda, púrpura y joyas; aunque esto excedía la humildad y revelaba una mente hinchada y arrogante, no era nada comparado con el resto, pues fue el primero de todos los emperadores después de Calígula y Domiciano en permitirse llamar «amo» [latín *dominus*] en público, ser adorado y dirigirse a él como a un dios.

El cargo imperial se había militarizado y ceremoniado, y el emperador era considerado cada vez más como la representación de la divinidad en la tierra. Diocleciano, en particular, afirmaba tener la autoridad de Júpiter, el padre de los dioses del panteón romano, que era representado como el compañero divino del emperador.

En el año 305, el anciano Diocleciano hizo algo notable para un emperador romano: se retiró, junto con el joven *Augusto* Maximiano. Diocleciano fue sucedido por su lugarteniente, Galerio, en el este, y en el oeste el poder pasó al *césar* Constancio. Sin embargo, en 306, mientras marchaba por la provincia de Britania para vigilar su problemática frontera septentrional, el emperador Constancio murió en York. Sin embargo, en lugar de reconocer *al César de Constancio*, Severo, como el nuevo *Augusto* occidental, el ejército de campaña de Britania apoyó al hijo del difunto Constancio, el joven príncipe Constantino (figura 1).

Se desencadenó así una nueva ronda de guerras civiles y luchas intestinas, a medida que las distintas facciones y ejércitos apoyaban a los rivales que pretendían hacerse con el poder imperial. Sin embargo, Constantino fue eliminando uno a uno a estos

Figura 1. Cabeza de mármol de Constantino, actualmente en el Museo Capitolino, Roma. Wikipedia. Jean-Christophe Benoist

rivales. En 312, aseguró su ascendencia en Occidente arrebatando la ciudad de Roma al hijo de Maximiano, Majencio, al que derrotó en la batalla del Puente Milvio. En 323, marchó hacia el este para enfrentarse al último de sus enemigos, Licinio, al que derrotó por tierra y, en 324, por mar, en las inmediaciones del antiguo asentamiento griego de Bizancio (en latín, *Byzantium*), construido en el estrecho del Bósforo que unía Europa con Asia.

Para celebrar su victoria, como hemos visto, al año siguiente rebautizó la ciudad con el nombre de *Konstantinoupolis Nea Romê* —«Constantinopla la Nueva Roma»—. Constantino era ahora el único dueño de todo el mundo romano, que presidía desde su nueva ciudad.

Una nueva religión

Como revela su dedicatoria al padre de los dioses, Júpiter, Diocleciano era algo conservador en materia religiosa, y su reinado había sido testigo de la persecución de seguidores de lo que él consideraba cultos ajenos, cuya presencia en el imperio consideraba una fuente de desagrado divino. Entre los que más atrajeron su oprobio se encontraban los cristianos. Eran seguidores de una rama y mutación de la fe ancestral de los súbditos judíos del imperio.

Los cristianos defendían el culto exclusivo de lo que consideraban el único Dios «verdadero», cuyo hijo, según afirmaban, se había hecho hombre en la forma de un predicador palestino itinerante conocido como Jesucristo (en griego: *Christos,* «el ungido»), que había sido ejecutado por las autoridades romanas bajo el emperador Tiberio. Al igual que los judíos, estos cristianos se negaban a ofrecer sacrificios al culto imperial (obligación que incumbía a todos los súbditos del emperador).

A los romanos de mentalidad tradicional se les podía perdonar esto: su negativa a sacrificar estaba justificada por el hecho de que su religión ancestral lo prohibía, y la suya era una religión muy antigua. En consecuencia, los judíos defendían las tradiciones de sus antepasados, y esto, para los romanos conservadores, era algo fundamentalmente virtuoso. Los cristianos, sin embargo, no podían hacer tal afirmación, porque la suya era una religión nueva. Para muchos romanos, esto habría sido una contradicción en los términos: una religión, casi por definición, necesitaba ser antigua para ser genuina.

Podríamos imaginar, por tanto, que estas personas se habrían escandalizado al oír que el nuevo emperador Constantino atribuyó su asombrosa victoria en la batalla del Puente Milvio en 312 al hecho de que él también se había convertido en devoto del Dios cristiano, una conversión que más tarde atribuyó a una visión divinamente ordenada de una cruz que se le reveló en los cielos. Más tarde, al entrar en Roma, Constantino se negó a hacer lo que se esperaba de los emperadores, y hacer sacrificios en el Altar de Jove* Capitolino. En cambio, a partir del año 312 declaró públicamente su apoyo a la comunidad cristiana o «Iglesia» (en griego, *ekklêsia),* favoreciéndola a ella y a sus sacerdotes con una generosidad cada vez mayor.

La conversión de Constantino se presenta a menudo como un acontecimiento repentino e inexplicable, que iba a alterar inexorablemente el curso de la historia de la humanidad. En ciertos aspectos, sin embargo, la adopción del cristianismo por parte de Constantino fue quizá una ruptura menos dramática de lo que a veces se supone con la sensibilidad religiosa de muchos de sus predecesores del siglo III.

Como hemos visto con respecto a Diocleciano, los emperadores del siglo III se asociaron con frecuencia y deliberadamente con determinados patrones

* Jove se refiere a Júpiter, la divinidad principal de la mitología romana cuyo equivalente griego es Zeus (*Nota de la editora).*

divinos individuales o cultos cuyo poder pretendían aprovechar. La religión romana tradicional era «politeísta» (es decir, los romanos creían que había muchos dioses). Por tanto, los emperadores disponían de un gran abanico de posibles patrones divinos entre los que elegir.

Sin embargo, los siglos II y III fueron testigos de la creciente popularidad no sólo del cristianismo, que, como el judaísmo, era «monoteísta» (es decir, los cristianos creían que sólo había un Dios), sino también de formas de «henoteísmo» (que defendía la creencia de que, aunque podía haber muchas deidades, se debía adorar a un único Dios supremo, del griego *henos*, que significa «uno»). El henoteísmo parece haber sido especialmente popular en los círculos militares, y se asociaba normalmente con el culto a deidades asociadas con el Sol, como Mitra o *Sol Invictus* («el Sol Invicto»).

En virtud del ascenso al dominio político de los militares a lo largo del siglo III, las formas de henoteísmo solar se habían convertido en una parte cada vez más importante y visible de la vida religiosa pública del Imperio Romano. Así, por ejemplo, tanto el predecesor de Diocleciano, Aureliano, como su sucesor en Occidente, Constancio I, eran devotos de *Sol Invictus*, con quien decidieron asociarse en su propaganda. Es importante destacar que, desde muy pronto, el cristianismo parece haber circulado en círculos sociales muy similares a los de cultos como el de Sol *Invictus,* y se caracterizó por una imaginería y un vocabulario sorprendentemente solares: en el Nuevo Testamento, por ejemplo, se describía a Cristo como «la luz del mundo» o «el día-primavera».

Como resultado, la línea de demarcación entre el henoteísmo solar y el monoteísmo con fuertes asociaciones solares era muy permeable, y fue de este entorno de donde surgió Constantino. Teniendo esto en cuenta, la migración religiosa de Constantino hacia el año 312 del henoteísmo solar al cristianismo fue quizá menos dramática de lo que ha parecido a la posteridad. Ciertamente, ya en el año 323, Constantino seguía acuñando monedas dedicadas al «divino compañero el Sol Invicto», y en Constantinopla erigió una estatua de sí mismo como el dios solar Helios-Apolo. En su imaginería pública y en su propaganda, Constantino siguió utilizando formas, expresiones y motivos que, aunque no eran exclusivamente «paganos», podían sin embargo atraer a un público no cristiano, mientras que sus correligionarios los leían de forma alegóricamente cristiana.

Es muy posible que hubiera un elemento de pragmatismo político en ello: Constantino debía tener cuidado de no ofender a los poderosos elementos paganos de las clases dirigentes de su imperio, cuya cooperación y apoyo necesitaba. Por otra parte, es muy posible que el mensaje multivalente de la imaginería pública de Constantino transmitiera con precisión la naturaleza de la propia religiosidad personal del emperador. Al mismo tiempo, concebía su relación con el Dios cristiano del mismo modo que los gobernantes orientales habían concebido durante mucho tiempo su relación con la divinidad: era el «vicegerente» o lugarteniente de Dios en la tierra. Era una creencia que los cortesanos cristianos estaban encantados de aceptar: el influyente obispo oriental Eusebio incluso dirigió un discurso al emperador sobre el tema.

Durante veinticinco años, desde el 312 hasta su muerte en el 337, Constantino prestó a la Iglesia cristiana y a sus dirigentes un apoyo concertado. La misma política siguieron sus tres hijos (Constancio I, Constantino II y Constancio II), entre los que se dividió el imperio después de él. En 361 el título imperial pasó brevemente a manos del pagano Juliano, pero reinó poco más de dieciocho meses, muriendo en campaña contra los persas.

Como resultado, a nivel oficial el Estado romano se hizo cada vez más evidente y agresivamente cristiano, ya que los emperadores comenzaron a legislar para cristianizar no sólo la esfera pública (mediante la construcción de iglesias o la prohibición de actos públicos de sacrificio pagano), sino también la esfera doméstica (tratando de prohibir patrones de comportamiento establecidos desde hacía mucho tiempo —más obviamente maritales y sexuales— que los líderes de la Iglesia cristiana consideraban objetables).

En consecuencia, muchos miembros de las clases dirigentes romanas se convirtieron cada vez más al cristianismo para ganarse el favor imperial. A finales del siglo IV, estaba claro que el cristianismo no era sólo el culto preferido del emperador (como lo había sido bajo Constantino): se había convertido en la religión oficial del Estado romano.

Una nueva política

El hecho de que Constantino rebautizara la ciudad de Bizancio en su honor fue, como hemos visto, una celebración de victoria. Pero la fundación de Constantinopla fue algo más que una mera autoglorificación. El antiguo asentamiento griego de Bizancio, que Constantino amplió y embelleció, ofrecía ciertas ventajas a su nuevo gobernante (aunque, como veremos en el capítulo 2, también presentaba numerosas desventajas).

Se encontraba en un lugar de gran belleza natural, a horcajadas sobre fuertes líneas de comunicación marítima. Y lo que es más importante, estaba al alcance de las perturbadas fronteras danubiana y persa. Pero quizás lo más importante de todo era que el establecimiento de una nueva base de poder en el este ofrecía a Constantino beneficios políticos tangibles que ayudarían a consolidar su nuevo régimen.

Más allá de las filas de la Iglesia cristiana y el clero, no tenía una base natural de apoyo en Oriente, y en Licinio había depuesto y asesinado a un emperador que había sido popular entre paganos y cristianos por igual. En las grandes ciudades de oriente, la hostilidad hacia el nuevo régimen podía haber sido muy grande. La fundación de Constantinopla tuvo la ventaja, por tanto, de alejar la persona del emperador de un entorno político ajeno y potencialmente amenazador. Le permitió establecer su posición en Oriente en un entorno de su elección y creación.

Al mismo tiempo, la creación de Constantinopla y el eventual establecimiento allí de un senado brindaron a Constantino y a su dinastía la oportunidad de empezar a construir una red de clientes bien nacidos e influyentes, que podrían servirle de representantes, aliados y partidarios en las nuevas condiciones políticas en las que se encontraba.

Para afianzar su poder político en Oriente, era vital que Constantino estableciera una afinidad y un seguimiento personal entre los miembros más destacados de la sociedad provincial y los representantes de la nueva aristocracia imperial de servicio: los «altos mandos» militares, los principales funcionarios y los orgullosos y altivos terratenientes que dominaban los ayuntamientos de las grandes *metrópolis* orientales. Al empezar a atraer a estas personas a Constantinopla, Constantino trató de cooptarlas para su régimen.

Para atraer a hombres influyentes a su nueva fundación, el emperador concedió tierras a quienes construían residencias privadas en la ciudad y, en 332, instituyó la distribución regular de raciones de pan procedentes del rico suministro de maíz de la fantásticamente fecunda provincia de Egipto, que se transportaba en grandes cantidades a través de las rutas marítimas del Mediterráneo.

La fundación de Constantinopla y el posterior establecimiento y ampliación de su senado por los herederos de Constantino (especialmente su hijo Constancio II, que concedió al Senado de Constantinopla el mismo rango que al de Roma), desempeñaron un papel vital en la legitimación y estabilización del nuevo orden.

El objetivo de esta política era claro: establecer el senado constantinopolitano y sus miembros como punto de contacto real y efectivo entre la corte imperial y las provincias, donde muchos de ellos poseían tierras. Los senadores debían ser los «amigos» del emperador, sus «ojos y oídos» en el mundo más allá de la «ciudad gobernante». Como el orador y burócrata Temistio dijo a Constancio II en 350:

> Para el emperador que debe oír muchas cosas, ver muchas cosas y al mismo tiempo prestar atención a muchas cosas, sus dos oídos y sus dos ojos y su cuerpo... son muy poco. Pero si es rico en amigos, verá lejos y oirá cosas que no están cerca de él, y sabrá lo que está lejos —como los videntes— y estará presente al mismo tiempo en muchos lugares como un dios.

Constancio II (337-61) necesitó pocos estímulos: incluso concedió y subastó amplias extensiones de tierras agrícolas de primera calidad a estas personas para que se afianzaran al régimen. Pero lo más importante es que el resultado a largo plazo de las políticas adoptadas por Constantino y su dinastía sería reunir a los miembros de la aristocracia de servicio del Mediterráneo oriental en una sola comunidad política, cada vez más unida por un sentido de identidad política romana, la «alta cultura» griega, la fe cristiana y, sobre todo, unida por el enfoque constantinopolitano de sus ambiciones políticas. Fue esta combinación (forjada en el siglo IV) de identidad romana, cultura griega, religión cristiana y devoción a la ciudad de Constantino la que definiría Bizancio y su civilización durante más de mil años.

2

CONSTANTINOPLA, LA CIUDAD GOBERNANTE

Proyectar el poder

La decisión de Constantino de gobernar desde su nueva ciudad de Constantinopla no estableció inmediatamente su fundación como capital oficial del Imperio Romano de Oriente. A finales del siglo IV, el gobierno imperial podía ser muy peripatético, ya que los emperadores a menudo viajaban largas distancias para enfrentarse en persona a sus enemigos y rivales. El hijo y sucesor de Constantino en Oriente, Constancio II, por ejemplo, pasaba gran parte de su tiempo en la ciudad de Antioquía, en Siria, desde donde coordinaba los esfuerzos para contener la amenaza persa. En 357, Constancio también visitó Roma, donde su estilo decididamente autocrático y su comportamiento militar dejaron una impresión duradera en las multitudes que acudían a verle. El historiador contemporáneo Amiano Marcelino, por ejemplo, registró la entrada formal (*adventus*) del emperador en la ciudad, en una descripción que personifica el estilo de gobierno al que los provinciales orientales estaban acostumbrados desde hacía tiempo: «Y fue como si estuviera planeando sobrecoger el Éufrates con un espectáculo de fuerza», escribe Amiano, «mientras que los estandartes le precedían a ambos lados, él mismo estaba solo en un carro de oro en el resplandeciente resplandor de varias piedras preciosas, cuyo brillo mezclado parecía formar una especie de segunda luz del día».

Sólo a partir del reinado de Teodosio I (378-95) se concedió a Constantinopla el estatus formal de única capital imperial en Oriente y residencia imperial permanente, y en el siglo VI el emperador Justiniano (527-65) se referiría a ella en sus leyes como la «ciudad gobernante» o la «reina de las ciudades». Sin embargo, todos los emperadores, desde Constantino hasta Justiniano, invirtieron en la ciudad y contribuyeron a su notable desarrollo arquitectónico, que la transformó de la pequeña ciudad de provincias que había sido antaño en el escenario supremo para la proyección del poder imperial.

La Bizancio original, como la mayoría de las ciudades griegas tradicionales, se centraba en su *acrópolis*, situada en el promontorio oriental que domina el Cuerno de Oro. Junto a la acrópolis se alzaba el *foro* o *ágora*, donde se concentraba gran parte de la vida comercial de la ciudad. También había un anfiteatro donde se celebraban juegos de gladiadores y otros juegos.

Constantino y sus herederos, sin embargo, reorientaron fundamentalmente la ciudad construyendo un complejo palaciego al sur de la acrópolis, que se convirtió en el nuevo centro neurálgico de la ciudad.

Junto al complejo palaciego se construyeron la Casa del Senado, la iglesia catedral de Santa Sofía o «Santa Sabiduría», la basílica imperial donde se desarrollaría gran parte de la vida jurídica de la ciudad, unos grandes baños públicos (las «Termas de Zeuxipo») y, sobre todo, el Hipódromo, donde el emperador presidía las carreras de cuadrigas para entretenimiento de la población.

Todas ellas daban a una gran plaza pública llamada *Augustaeum*. La yuxtaposición de palacio, catedral e hipódromo, en particular, facilitó un intrincado entrelazamiento de actividades ceremoniales laicas y religiosas, públicas y privadas, que determinaría el ritmo de la vida de la ciudad durante los siglos venideros.

Al oeste del *Augustaeum* se encontraba el hito de oro (*milion)*, a partir del cual se calculaban todas las distancias dentro del imperio. Más allá se extendía la principal ruta procesional conocida como el *mese* (o «camino del medio») que conducía a través del Foro de Constantino (una de las numerosas plazas públicas adornadas con estatuas y monumentos de las que estaba salpicada la ciudad) hasta el Capitolio. En el centro del Foro de Constantino había una columna de pórfido con una estatua de bronce del emperador. En el Capitolio, la calzada se dividía: hacia el noroeste se extendía hasta las murallas constantinianas de la ciudad, pasando por la iglesia de los Santos Apóstoles que Constantino había mandado construir como mausoleo imperial, mientras que el ramal más occidental de la calzada unía el Capitolio con la «Puerta

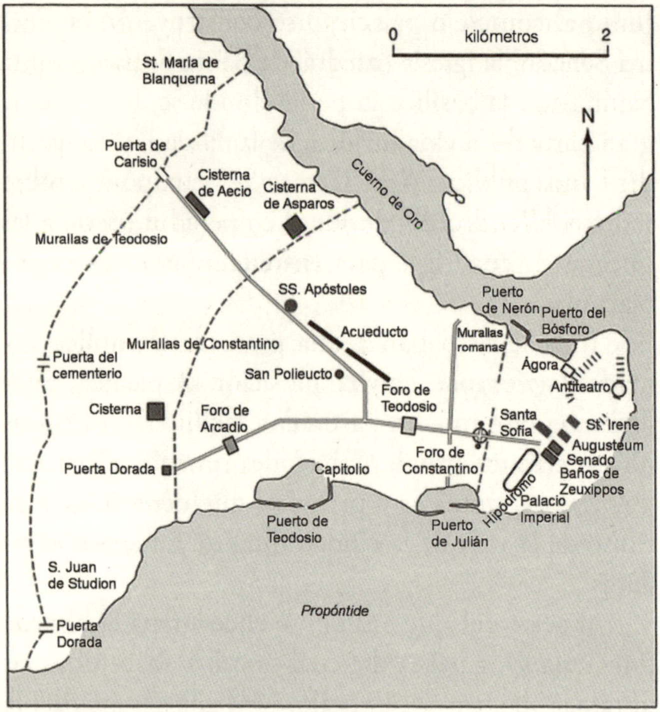

Mapa 2. Plano de Constantinopla. A partir de *The Oxford History of Byzantium*, editado por Cyril Mango (2002).

Dorada», que era el punto principal y formal de entrada a la ciudad (véase el mapa 2).

De este modo, el emperador y su séquito podían hacer gala de su poder imperial y, al mismo tiempo, recibir las aclamaciones y alabanzas (y a veces las quejas) de sus súbditos. Más que ninguna otra ciudad del Imperio Romano, Constantinopla fue diseñada para transmitir y articular la autoridad imperial. Por ello, podría decirse que se parecía más a las grandes «ciudades palacio» de Extremo Oriente y Oriente Próximo que a las formas tradicionales de urbanismo griego o romano.

Desde el punto de vista arquitectónico, la ciudad de Constantino se basaba en calles rectas con columnatas y plazas. En este sentido, tenía mucho en común con otras ciudades orientales, como Antioquía, Apamea o Palmira en Siria. Sin embargo, superaba a todas las demás ciudades en cuanto a la riqueza con que se decoraban esas plazas y otros espacios públicos, con monumentos y objetos recogidos (o saqueados) de todo el imperio. Constantino, por ejemplo, adornó las Termas de Zeuxipo (que eran un lugar no sólo para bañarse, sino también para hablar y debatir en público) con estatuas de mármol y bronce, incluidas tres estatuas de Apolo, tres de Afrodita, dos de Heracles y una de Poseidón, junto con veintinueve estatuas de personajes relacionados con la leyenda troyana (como Helena, Andrómaca y Eneas). Constantino decoró el Hipódromo con otras estatuas de deidades paganas, animales salvajes y criaturas legendarias como esfinges. Quizá lo más importante fue que colocó allí dos monumentos asociados al triunfo militar: una estatua que celebraba la derrota de Marco Antonio por Octavio en la batalla de Accio y la Columna de la Serpiente de Delfos, dedicada a los aliados griegos que habían derrotado a los persas en 479 a. C. en la batalla de Platea. El Hipódromo también estaba engalanado con imágenes de Alejandro Magno, Julio César y los emperadores Augusto y Diocleciano. En el Foro de Constantino, la estatua del emperador hacía compañía a una estatua de Palas Atenea traída de Roma y a otras estatuas de temas mitológicos y literarios.

También se hicieron intentos esporádicos de dar a Constantinopla un aire de la antigua Roma. En particular, el emperador Teodosio I (que afirmaba descender del emperador Trajano) creó una reproducción del foro de Trajano en Roma, mientras que su hijo Teodosio II (408-50) añadió a las seis colinas existentes en Constantinopla una séptima (siguiendo el modelo de la ciudad del Tíber). También hay indicios en las fuentes de que las casas construidas para los miembros de la aristocracia reproducían los esquemas arquitectónicos y decorativos romanos: un relato del siglo x, por ejemplo, señalaba de estos palacios del siglo IV que «si uno contemplaba sus vestíbulos, patios y escaleras, cuán similares eran en la escala de su diseño y altura a los de Roma, y si uno contemplaba sus puertas, le parecía en su imaginación estar en Roma».

Al mismo tiempo, sin embargo, Teodosio I también colocó en el Hipódromo un magnífico obelisco de Alejandría, y a medida que más miembros de las clases gobernantes provinciales eran atraídos a la ciudad, también es probable que trajeran consigo sus propios gustos arquitectónicos y artísticos, que sólo pueden haber añadido a la ya ecléctica sensación de la ciudad.

A principios del siglo VI, por ejemplo, la fantásticamente rica aristócrata romana Anicia Iuliana construyó entre el Capitolio y la Iglesia de los Santos Apóstoles su propia iglesia dedicada a San Polyeuktos. Al parecer, el estilo de esta iglesia (hoy desaparecida) evocaba el Templo de Salomón y se inspiraba en un repertorio arquitectónico de origen egipcio. Como centro internacional de poder político, el aspecto monumental de Constantinopla, tal y como fue tomando forma entre los siglos IV y VI, era verdaderamente (y apropiadamente) cosmopolita.

Si la mezcla de estilos arquitectónicos y artísticos que llegó a caracterizar la ciudad de Constantinopla era única, también lo eran algunas de las técnicas adoptadas por los constructores y artesanos de la ciudad. Si bien, como hemos visto, la ubicación del antiguo asentamiento griego de Bizancio poseía muchas ventajas naturales, una de sus grandes desventajas era que se encontraba sobre una falla sísmica y, por tanto, era vulnerable a los terremotos.

Es casi seguro que esto explica ciertas rarezas de la arquitectura de la ciudad. En comparación con las prácticas tradicionales de construcción romanas, por ejemplo, los constructores de Constantinopla utilizaban una proporción mucho mayor de mortero y ladrillo en sus construcciones (normalmente del orden de 2:1). También construían sobre bóvedas de cañón, a veces recubriendo los espacios muertos sobre el arranque de las bóvedas con tinajas de barro. Estas técnicas habrían servido para dotar a los edificios de una mayor flexibilidad estructural frente a los terremotos y, por tanto, de mayores posibilidades de sobrevivir a las sacudidas sísmicas. El énfasis estructural en el mortero, sin embargo, también podía dar lugar a un aspecto externo más bien monótono, incentivando así a artesanos, donantes y mecenas bizantinos a concentrarse en el esplendor interno y los esquemas decorativos de sus proyectos arquitectónicos.

La ciudad de Constantino poseía además dos desventajas de ubicación con las que los emperadores de los siglos IV a VI tuvieron que lidiar. La primera era que, aunque las peculiaridades de las mareas del Bósforo hacían que la ciudad fuera muy difícil de atacar con éxito por mar, era muy vulnerable a un asalto por tierra desde el lado europeo y las llanuras de Tracia. En particular, no había defensas naturales que pudieran interponerse en el camino de cualquier invasor que avanzara desde la orilla cercana del Danubio o la estepa de Crimea.

Las turbulencias en el mundo bárbaro septentrional provocadas por el ascenso de los hunos a finales del siglo IV y principios del V obligaron a las autoridades imperiales a tomar cartas en el asunto, y entre 404 y 413 el emperador Teodosio II supervisó la construcción de un enorme conjunto de defensas de tres niveles (compuesto por una muralla interior, una exterior y un foso). Estas «murallas teodosianas» (gran parte de las cuales siguen en pie, véase la figura 2) representaban la cúspide de la ingeniería militar romana y resultarían inexpugnables hasta la llegada de la modernidad y la invención de la pólvora. A finales del siglo V y principios del VI se añadiría un conjunto adicional de defensas (conocidas como «Anastasio» o «Murallas Largas»), aunque resultaron demasiado largas para que las autoridades pudieran ocuparse de ellas.

Evidentemente, se decidió que las murallas teodosianas abarcaran una superficie considerablemente

Figura 2. El triple nivel de las murallas teodosianas de Constantinopla. Wikipedia. Bigdaddy1204.

mayor que las originales constantinianas. Es probable que esta decisión se tomara en parte para dar cabida a la creciente población de la ciudad, que a principios del siglo v podría haber superado los límites de la fundación constantiniana.

Sin embargo, hay que señalar que gran parte del terreno entre las murallas constantinianas y las teodosianas se dedicó desde el principio a la agricultura, lo que permitió a la población de la ciudad al menos intentar alimentarse cuando estaba sitiada. En tiempos normales, gran parte de la población de la ciudad recibía un «reparto» gratuito de pan, vino y aceite. El pan, como hemos visto, se elaboraba con grano enviado a Constantinopla desde Egipto (la región del mundo romano oriental más productiva desde el punto de vista agrícola y, por tanto, el «granero» del imperio).

La última desventaja importante que sufría la ciudad de Constantinopla (y que sigue afectando a la moderna Estambul) era el abastecimiento de agua. La ciudad y sus alrededores apenas disponían de fuentes de agua dulce para beber y bañarse. Por ello, se hicieron esfuerzos colosales para construir una enorme serie de acueductos que serpenteaban por el paisaje tracio a lo largo de más de 200 kilómetros hacia el oeste.

Estos acueductos, por supuesto, eran muy vulnerables a los ataques (el acueducto de Valente, por ejemplo, fue cortado deliberadamente por los ávaros cuando sitiaron la ciudad en 626). Los emperadores intentaron remediarlo construyendo una notable red de cisternas subterráneas y al aire libre en las que mantener las reservas. Las tres cisternas al aire libre construidas entre las murallas de Teodosio y Constantino, por ejemplo, tenían una capacidad combinada de casi un millón de metros cúbicos, mientras que las cisternas subterráneas, como la «cisterna basílica» de Justiniano o la cisterna de Filoxenos (entre el Hipódromo y el Foro de Constantino) siguen siendo hoy en día uno de los restos más impresionantes de la Constantinopla bizantina.

Desde una fecha temprana, la ciudad también tuvo una geografía social relativamente definida, con las casas de la aristocracia, como las descritas anteriormente, y las residencias de «gracia y favor» propiedad de la corona y otorgadas a los parientes y favoritos del emperador, concentradas alrededor del complejo palaciego y al oeste de la ciudad (siendo la zona más rural entre las murallas teodosiana y constantiniana especialmente adecuada para las villas suburbanas).

En términos generales, la mayor parte de las viviendas de la población ordinaria parece haberse concentrado al noroeste, cerca de la principal zona comercial centrada en el puerto de Neorion, en el Cuerno de Oro, por donde entraban la mayoría de las mercancías al por mayor. Al sur de la ciudad, a lo largo del siglo IV, se construyeron dos grandes puertos artificiales: el llamado puerto de Juliano y el puerto de Teodosio. Al parecer, se diseñaron principalmente para acoger a los barcos que transportaban grano a Constantinopla desde Egipto, y cerca de los puertos se construyeron grandes silos para almacenar el grano. Cuanto más crecía la ciudad, más vitales resultaban estos suministros.

Constantinopla alcanzó probablemente su pico de población a principios del siglo VI, bajo el emperador Justiniano, cuando albergaba posiblemente a unos 500 000 habitantes. Ciertamente, Justiniano se quejó de los problemas que causaba en la ciudad la emigración desde el campo, y se hicieron intentos concertados para introducir controles de población. Sin embargo, en 542, el destino intervino y la ciudad (junto con el resto del imperio) sufrió el primer brote conocido de peste bubónica. El historiador contemporáneo Procopio estaba presente en Constantinopla cuando se desató la peste, y describe cómo en un momento dado acabó con 10 000 víctimas en un solo día. También registra la excavación de fosas comunes más allá de las murallas de la ciudad y la eliminación de cadáveres en el mar junto al Cuerno de Oro, donde las corrientes los habrían atrapado para que se pudrieran.

Esto habría hecho extremadamente desagradable la vida de los supervivientes en torno al puerto de Neorion y el distrito comercial (especialmente dada la creencia contemporánea de que las enfermedades eran causadas por el «aire viciado»). No debe sorprendernos, por tanto, que a partir de mediados del siglo VI veamos signos de un desplazamiento de la población hacia el sur de la ciudad, y el desarrollo del puerto de Juliana como nuevo centro comercial. El Neorion, por el contrario, se convirtió en un astillero naval, y el Cuerno de Oro no recuperaría su importancia económica hasta que los mercaderes italianos negociaron el derecho a fundar allí colonias comerciales en el siglo XI.

El siglo VI fue también testigo de la fase final del desarrollo arquitectónico de lo que podríamos denominar la «ciudad antigua», impulsada por los acontecimientos políticos. El Hipódromo, como hemos visto, se erigía en el corazón político de la capital, y los aficionados que abarrotaban las carreras y los juegos se dividían en cuatro «facciones» circenses, de las cuales las dos más populares eran los azules y los verdes.

Estas facciones desempeñaban un papel importante en la vida ceremonial de la ciudad, participando, por ejemplo, en las coronaciones imperiales, donde representaban la voz del «pueblo». También se les delegaban ciertas responsabilidades y deberes cívicos, como la extinción de incendios o la ayuda en las murallas de la ciudad en caso de ataque enemigo.

Sin embargo, al mismo tiempo eran capaces de causar grandes trastornos, sobre todo al participar periódicamente en estallidos de violencia y disturbios entre facciones.

Procopio, en su *Historia secreta,* describe vívidamente la anarquía de los miembros de la facción, que incluía violaciones, secuestros, atracos a la moda y asesinatos. También describe su estrafalario peinado «húnnico»: recortado a los lados, largo por encima y con un «salmonete» en la parte posterior. Las facciones incluían a jóvenes de todas las clases, y sus disturbios podían tener fines políticos (especialmente a cambio de dinero).

En respuesta a un nuevo brote de disturbios entre facciones, en el año 532 el emperador Justiniano hizo arrestar a los líderes de las facciones Azul y Verde. Esto llevó a las facciones a unirse contra él, en un estallido de violencia que los oponentes de Justiniano en el senado intentaron explotar para derrocar al emperador.

Justiniano pensó en huir, pero fue disuadido por su esposa, la indomable emperatriz Teodora, que antes había sido actriz y a la que Procopio (que odiaba a Justiniano) describe como una puta entrometida. Con los nervios templados por su esposa, Justiniano movilizó a sus partidarios en el ejército contra la turba, y se dice que 30 000 alborotadores fueron abatidos en el Hipódromo. Justiniano también aprovechó la oportunidad para actuar contra sus enemigos en el Senado, consolidando así su frágil régimen.

Los disturbios de «Nika», como se les conoce (por el cántico de la turba merodeadora: «¡Nika!’) no sólo no consiguieron deponer al emperador, sino que lograron infligir daños masivos al centro monumental de la capital: los alborotadores redujeron a cenizas Santa Sofía, así como la cercana iglesia de Santa Irene, las oficinas de la Prefectura Pretoriana de Oriente (donde probablemente se guardaban los expedientes criminales y otros documentos de este tipo) y muchos otros edificios de estado alrededor del *Augustaeum*. Tras los disturbios de Nika, Justiniano aprovechó el momento y reconstruyó el corazón monumental de la ciudad en una espectacular hazaña de autoglorificación, personificada por su audaz (aunque algo chapucera) reconstrucción de Santa Sofía.

Antes de los disturbios, Justiniano había encargado la construcción de una nueva iglesia al sur del complejo palaciego dedicada a los santos sirios Sergio y Baco. Esta iglesia debía servir de hogar a los monjes y clérigos sirios de la ciudad, que habían atraído el patrocinio de la emperatriz Teodora. En Siria existía una tradición de arquitectura eclesiástica con cúpulas, y quizás como alusión y *homenaje* a la patria de los clientes de Teodora, la iglesia de los santos Sergio y Baco se proyectó y construyó en torno a una cúpula central. Aunque se construyó un poco fuera de escuadra, resultó ser una construcción de sorprendente elegancia y encanto, cuya concepción bien pudo inspirar a Justiniano y sus arquitectos a la hora de elegir reconstruir Santa Sofía sobre principios similares (en lugar de la iglesia basilical que se había erigido allí antes), aunque a una escala masivamente mayor (véase la figura 3).

Figura 3. Vista exterior de Santa Sofía con minaretes turcos. Wikipedia. Dominio público

Al igual que San Sergio y San Baco, Santa Sofía se construyó como una iglesia con cúpula. En un rectángulo de 70×76 metros se colocaron cuatro enormes pilares que formaban un cuadrado de 30 metros de lado. Estos pilares sostenían pechinas a 20 metros del suelo, que a su vez sostenían la enorme cúpula central de 30 metros de diámetro y 52 metros de altura. Más allá de la cúpula central se erigieron otros muros, pilares y columnas para sostener los muros exteriores y proporcionar pasillos y arcadas adicionales.

Las partes bajas de la iglesia estaban revestidas de mármol: losas de mármol gris en el suelo y mármol multicolor en las estructuras inferiores. Las arcadas superiores y las naves laterales, por el contrario, estaban decoradas con un fino despliegue de mármol tallado, mientras que las paredes superiores estaban adornadas con un brillante conjunto de cubos de mosaico iluminados por la luz que entraba a través de las ventanas de cristal de colores, guiando así el ojo (y la mente) hacia arriba, a la contemplación de los misterios divinos.

La construcción de Santa Sofía de Justiniano fue extraordinariamente rápida: apenas transcurrieron cinco años entre los disturbios de Nika y su inauguración formal. Por ejemplo, el imperio había sido saqueado en busca de materiales de construcción para el proyecto, pero los arquitectos fueron incapaces de encontrar suficientes pilares que encajaran en cuanto a tamaño y material para evitar darle un aspecto un poco desordenado. Del mismo modo, la vasta extensión de mosaicos estampados que cubren las paredes superiores se utilizó probablemente porque eran más baratos de hacer y más rápidos de instalar que las alternativas de mosaicos figurativos más elaborados. En las pechinas centrales, sin embargo, se colocaron cuatro imágenes de mosaico notablemente vivas y palpablemente potentes (que sólo se han descubierto hace relativamente poco), que tal vez representaban arcángeles o poderes celestiales similares.

Sin embargo, aunque que se llevara a cabo de forma muy precipitada, la reconstrucción de Santa Sofía fue un triunfo de la ingeniería tanto estructural como lumínic. Se dice que Justiniano, al terminarla, exclamó: «Salomón, te he vencido». En el siglo x, los visitantes de Constantinopla procedentes de los asentamientos escandinavos y eslavos de Kiev decidían bautizarse en la fe cristiana ortodoxa del emperador porque creían haber visto en Santa Sofía la verdadera morada de Dios.

La ciudad medieval

La ciudad de Constantinopla, tal y como la conocieron los visitantes durante la mayor parte de la Edad Media, era esencialmente la ciudad que dejó Justiniano. Esto se debió en parte a que ningún emperador posterior a Justiniano dispondría de los recursos económicos necesarios para construir a la escala o con la ambición que lo habían hecho los emperadores de la Antigüedad tardía. Para la imaginación medieval y bizantina, la «ciudad gobernante» se caracterizaría por los dos grandes rasgos de su paisaje tardoantiguo: Santa Sofía y las murallas teodosianas. De hecho, las imágenes de una cúpula en un castillo casi se convirtieron en una abreviatura visual de la ciudad.

El principal cambio que se produjo en los años inmediatamente posteriores al reinado de Justiniano es que el carácter cristiano de la ciudad se hizo cada vez más pronunciado, ya que proliferaron nuevas iglesias entre sus muros, se trajeron a ella reliquias de los santos de todo el mundo cristiano y, en particular, se desarrolló la tradición de que la ciudad de Constantino había sido puesta bajo la protección divina de la Madre de Dios.

Esta tradición se originó probablemente en el siglo v, cuando una serie de emperatrices teodosianas habían fomentado y desarrollado el culto a María, pero alcanzó su apogeo en 626, durante el asedio de la ciudad por los ávaros, cuando se creyó que la Virgen había participado personalmente en la defensa de la ciudad y la había salvado milagrosamente del ataque bárbaro. Como rezaba el himno de agradecimiento compuesto entonces por el Patriarca de Constantinopla,

> A ti, oh Theotokos [«*la que dio a luz a Dios*»], Campeona invencible, tu Ciudad, en acción de gracias, atribuye la victoria por la liberación de los sufrimientos. Y teniendo tu poder inatacable, líbranos de todos los peligros, para que podamos clamar a ti: ¡Alégrate, oh Esposa Siempre Virgen!

Con la pérdida de Jerusalén a manos de los persas, primero, y de los árabes, después, en el siglo VII, Constantinopla también empezó a imaginarse como una «Nueva Jerusalén», hogar de los restos de la Vera Cruz que habían salido de contrabando de la iglesia del Santo Sepulcro ante el avance de los ejércitos árabes (véase el capítulo 3).

Otra razón, sin embargo, por la que los emperadores bizantinos posteriores a Justiniano optaron en general por no construir a gran escala, es que probablemente no lo necesitaban. Como hemos visto, es probable que la población de Constantinopla alcanzara su máximo bajo Justiniano, con unos 500 000 habitantes, antes de que la peste azotara la ciudad. La peste bubónica continuó regresando periódicamente para acabar con cada nueva generación durante aproximadamente los doscientos años siguientes. Sólo gradualmente, desde finales del siglo VIII, comenzaron a aumentar los niveles de población, hasta que probablemente alcanzaron algo parecido a los niveles justinianeos bajo los emperadores comnenianos de finales del siglo XI y del XII, antes de hundirse una vez más como resultado de la destrucción causada en la ciudad por la conquista latina de 1204, y la llegada en el siglo XIV de la peste negra.

Probablemente deberíamos imaginarnos una población que oscilaba en términos de tamaño entre un máximo de alrededor de medio millón bajo Justiniano y los comnenios, y un mínimo de quizás tan sólo 40 000-70 000 bajo los emperadores isaurios del siglo VIII y los palaiologos del XIV. En el siglo VII, como veremos en el capítulo 3, el imperio perdió también el control de Egipto, lo que provocó el corte de los envíos de grano y la abolición de la distribución gratuita de pan. Es probable que la crisis alimentaria resultante también redujera la población de la ciudad.

Ciertamente, hay indicios de que la Constantinopla de los siglos VII y VIII ya no era lo que había sido: en 626, como ya se ha señalado, los ávaros habían intentado cortar el suministro de agua de la ciudad inutilizando el acueducto de Valens; no se repararía hasta el reinado del emperador Constantino V (741-75), lo que indica que los suministros reducidos eran ahora suficientes para una población disminuida. Del mismo modo, mientras que en 542 Justiniano se había visto obligado a enterrar a las víctimas de la peste en fosas comunes más allá de las murallas de la ciudad, o las había arrojado al mar, cuando, a mediados del siglo VIII, la «peste justinianea» (como se la conoce) azotó por última vez, Constantino V pudo enterrar a los muertos dentro de las murallas de la ciudad. De ello se deduce que ahora había espacio de sobra para ellos.

Sin embargo, la decisión de Constantino V de enterrar a los muertos dentro de las murallas de la ciudad fue también un reflejo del cambio de actitud hacia los difuntos. Antiguamente, griegos y romanos se habían empeñado en mantener a los vivos alejados de los muertos: la *polis* era la morada adecuada para los primeros; la *necrópolis*, para los segundos. Sin embargo, el cristianismo, con su veneración de los mártires difuntos en sus sepulturas y su apego a las reliquias de los santos, había derribado gradualmente la barrera mental que el derecho romano y las *costumbres* grecorromanas habían intentado mantener con tanto ahínco.

Del mismo modo, la vida urbana en Constantinopla entre los siglos VI y VIII se alteró y evolucionó en direcciones determinadas en parte por crisis objetivas (véase el capítulo 3), pero también por procesos más amplios de cambio cultural. La vida en la Constantinopla medieval se hizo más privada y más centrada en el hogar. Al mismo tiempo, bajo la influencia de la Iglesia, los habitantes de la ciudad empezaron a mostrarse menos cómodos con las exhibiciones públicas de desnudez o burlescas. En consecuencia, tanto el anfiteatro como las grandes termas (como las Termas de Zeuxipo, también dañadas en los disturbios de Nika) dejaron de utilizarse.

En una sorprendente reinvención del espacio público, algunas de las monumentales plazas públicas de la ciudad tardoantigua se reutilizaron en la época medieval como mercados de ganado, mientras que el anfiteatro romano situado junto a la antigua *ágora* se convirtió en un campo de ejecuciones. Como se verá en el capítulo 6, el cambio de actitud ante el arte y la pérdida de muchas de las técnicas artesanales de la Antigüedad hicieron que las estatuas con las que Constantino y sus herederos habían adornado la ciudad fueran consideradas cada vez más, con una mezcla de recelo y temor, como morada de demonios y no como símbolos de la alta cultura.

Del mismo modo, una refundición de las instituciones centrales del Estado romano de Oriente en los siglos VII y VIII dejaría obsoletas las oficinas del prefecto pretoriano y otros servicios gubernamentales, y los entresijos de la administración imperial se concentrarían cada vez más en el palacio. Pero los contornos esenciales y la apariencia de la ciudad cristiana y romana legada por Justiniano permanecieron intactos.

Como ya se ha indicado, la influencia ejercida por la Iglesia y las instituciones cristianas en la topografía urbana de Constantinopla fue continua y acumulativa: incluso en las circunstancias más difíciles, los emperadores siguieron construyendo y dotando iglesias, monasterios y fundaciones benéficas en la ciudad. Es importante destacar que los miembros de la corte y la aristocracia emularon esa filantropía imperial, fundando iglesias, monasterios e instituciones benéficas propias (a partir del siglo VII, la aristocracia imperial era de naturaleza más palatina o cortesana y, por tanto, más propensa a seguir e imitar los hábitos imperiales).

Dejando a un lado el mundo del palacio, en los siglos X y XI Constantinopla estaría dominada, por un lado, por los hogares aristocráticos (*oikoi*), muchos de ellos situados aún en residencias construidas por primera vez para la aristocracia tardoantigua entre los siglos IV y VI, y, por otro, por instituciones monásticas y eclesiásticas fundadas por benefactores imperiales y laicos.

Tanto los hogares aristocráticos como las instituciones religiosas obtenían ingresos de las tiendas y almacenes de la ciudad, así como de extensas propiedades en las provincias limítrofes, especialmente en Tracia, Macedonia y Asia Menor occidental. Desde el punto de vista estructural, económico e incluso arquitectónico, estos *oikoi* aristocráticos y eclesiásticos eran muy similares (esto último quizá no sorprenda, dado que muchos monasterios, como el de San Juan de Stoudios entre las murallas constantiniana y teodosiana, se habían originado como residencias o villas aristocráticas). Como dijo entonces San Simeón el Nuevo Teólogo (dirigiéndose a una audiencia eclesiástica):

> ¿Qué es el mundo y las cosas del mundo? Escuchad. No es el oro, ni la plata, ni los caballos, ni siquiera las mulas; todas estas cosas, que atienden a

> las necesidades del cuerpo, también las adquirimos nosotros. No es el pan, ni la carne, ni el vino, pues también nosotros participamos de ellos y comemos lo suficiente. Ni casas, ni baños, ni aldeas, ni viñedos, ni haciendas, pues las instituciones religiosas (*lavrai*) y los monasterios también consisten en tales cosas.

Es evidente que los miembros de la aristocracia bizantina fundaban estas instituciones religiosas tanto por piedad como con vistas al más allá. Sin embargo, estos actos de generosidad también eran ventajosos por otros motivos. Durante mucho tiempo, los aristócratas romanos y bizantinos intentaron garantizar la supervivencia dinástica de sus familias prohibiendo a sus herederos regalar o vender sus propiedades a personas ajenas a la familia. Sin embargo, el derecho romano y bizantino dificultaba mucho este objetivo: Justiniano, por ejemplo, había decretado que tales condiciones a los herederos sólo podían durar tres generaciones. Lo que sí permitía la ley era que los donantes aristocráticos fundaran monasterios y otras instituciones religiosas, dotándolos de inversiones y propiedades lucrativas, a condición de que dichos monasterios garantizaran a sus descendientes (a perpetuidad) una parte fija de sus ingresos.

Una de las razones por las que la fundación de instituciones religiosas se hizo tan popular en Bizancio, y por las que la ciudad medieval de Constantinopla llegó a estar tan dominada física e institucionalmente por los monasterios, fue porque eran lo más parecido que el derecho romano y bizantino tenía a los «fondos fiduciarios». Los donantes podían velar por el destino póstumo de sus almas, así como por la prosperidad futura de sus descendientes. Tanto para la aristocracia como para la Iglesia, era una combinación fortuita.

Orden y desorden

La ciudad medieval de Constantinopla siguió siendo comercialmente vibrante y culturalmente cosmopolita. En el siglo XII, por ejemplo, cuando los niveles de población volvían a aproximarse a su apogeo justinianeo, la ciudad pudo abastecerse de maíz a través de canales eminentemente comerciales.

Asimismo, a pesar de la identificación cada vez más estrecha entre la identidad «romana» y «cristiana» en el imaginario bizantino, la ciudad siguió albergando a una numerosa población judía. En el siglo X existía también una colonia de mercaderes árabes musulmanes, a los que se permitió tener su propia mezquita, mientras que, en el siglo XI, como ya se ha señalado, la zona del Cuerno de Oro se convirtió en el hogar de colonias de mercaderes italianos (de Venecia, Génova, Pisa y Amalfi), que llegarían a desempeñar un papel cada vez más importante en la vida económica del imperio. Además, desde los siglos VII y VIII, muchos de los más altos cargos del Estado estaban ocupados por hombres de origen armenio y caucásico.

Constantinopla siguió siendo el bullicioso, cacofónico y políglota centro de poder e intercambio que siempre había sido. Como escribió el famoso poeta bizantino Juan Tzetzes a mediados del siglo XII: «Entre los escitas me encontraréis como escita, como latino entre los latinos, y entre todas las demás naciones como si fuera de su raza... Dirijo a todos palabras adecuadas y apropiadas, sabiendo que esto es señal de la mejor conducta».

Los principales cambios que experimentó la ciudad en la época en que escribió Tzetzes fueron que el establecimiento de las colonias comerciales italianas sirvió para reactivar una región de la ciudad que había entrado en un relativo declive económico en el siglo VI, mientras que, bajo los emperadores comnenos, la corte imperial utilizó menos el antiguo complejo palaciego junto al Hipódromo y se trasladó a un palacio en el distrito de Blachernai, al noroeste. Este palacio estaba mucho más cerca de las murallas de la ciudad, lo que permitió a los emperadores supervisar mejor las defensas de la ciudad en una época de creciente peligro militar.

En la ideología imperial bizantina, los emperadores estaban obligados a mantener el orden (en griego, *taxis)*, emulando la benigna ordenación divina del cosmos. En ningún lugar suponía esto un reto mayor que en la propia capital imperial, donde la población parecía estar siempre a punto de descontrolarse.

En tiempos de Justiniano, como hemos visto, el emperador se vio obligado a hacer frente a la inmigración masiva procedente del campo y a la violencia de las facciones circenses. Sus leyes también lo revelan intentando regular el lado más sórdido de la vida urbana: reprimiendo a los traficantes de personas que atraían a las campesinas a la gran ciudad con promesas de zapatos y comida de lujo para obligarlas a prostituirse, o aprobando leyes contra la homosexualidad («pederastia») y los actores, actrices y prostitutas que decidían disfrazarse de monjes, sacerdotes y monjas para excitar y divertir a su público y clientes.

Llama la atención que los únicos castigados por actos homosexuales bajo Justiniano fueran obispos, mientras que Procopio cuenta que clérigos norteafricanos residentes en la ciudad fueron sorprendidos en compañía de sus prostitutas. Evidentemente, la ciudad era menos «santa» de lo que permitía la propaganda oficial, y menos piadosa de lo que podría sugerir la oleada de fundaciones monásticas.

El carácter moral de la población de la ciudad no mejoró necesariamente en la época postjustinianea: una escultura en relieve de doble cara conservada en el Museo Arqueológico de Estambul, por ejemplo, que se ha datado en torno al siglo XI, parece representar a un oso priápico con una cadena alrededor del cuello y a un hombre desnudo con una máscara de perro. Para quién, o con qué propósito, se hizo esta escultura debe seguir siendo una cuestión de especulación. En cualquier contexto, sin embargo, parecería claramente extraña.

El mal comportamiento tampoco era desconocido en la corte. Los bizantinos (como los antiguos romanos antes que ellos) disfrutaban divirtiéndose, por ejemplo, con unos bufones llamados *grylloi, que hacían* cabriolas de forma sugerente llevando poco más que un sombrero flexible y, normalmente, dos palos.

Los grylloi exhibían y bamboleaban el trasero para entretener a la multitud. Según una fuente (ciertamente hostil), el disoluto emperador Miguel III (842-67, también conocido como «el Borracho») se hizo amigo de uno de estos payasos y le convenció para que se sentara a su lado en la sala del trono imperial o *Chrysotriklinos* vestido como el Patriarca de Constantinopla. Cuando la madre de Miguel, Teodora, entró en la sala, se arrodilló debidamente ante él y pidió al supuesto patriarca que rezara una oración en su nombre. El bufón respondió a la petición de la piadosa viuda girando su trasero hacia ella y emitiendo lo que el autor describe como «un ruido como de burro procedente de sus asquerosas entrañas».

La población urbana también seguía siendo propensa a los disturbios: una revuelta dirigida contra los colonos italianos en 1182, por ejemplo, sirvió para envenenar fatalmente las relaciones entre los comnenios y Occidente. Garantizar la abundancia de alimentos y suministros seguía siendo la clave para mantener contenta a la población y unirla en torno al emperador gobernante.

El patriarca Nicéforo, por ejemplo, que despreciaba al emperador del siglo VIII Constantino V (741-75) por su oposición a las imágenes religiosas o «iconos», se quejaba de que su reinado fuera recordado entre la gente común como una época de abundancia, caracterizada por alimentos baratos, cuando en realidad fue una época de «plagas, terremotos, estrellas fugaces, hambrunas y guerras civiles». Sin embargo, prosigue, «estos animales inferiores, completamente descerebrados, alardean y se jactan en voz alta de aquellos «días felices», dicen, de abundancia». ¿Qué se puede esperar de gente así?

La mayoría de ellos ni siquiera conocen los nombres de las letras del alfabeto y desprecian y maltratan a quienes dan importancia a la educación. Los más rudos y groseros de ellos carecen incluso de lo necesario para vivir; no podrían ni alimentarse durante un solo día, viniendo como vienen de las encrucijadas y los callejones.

De hecho, llama la atención que uno de los pocos cargos que no se suprimieron (ni siquiera se reformaron sustancialmente) en medio de la reconfiguración de la administración bizantina en los siglos VII y VIII fuera el de prefecto urbano de Constantinopla, cuya responsabilidad era mantener el orden en la ciudad. También se encargaba de supervisar el suministro de alimentos y de regular lo que podría considerarse la «cúspide» de la economía constantinopolitana.

Así se desprende con especial claridad de un texto de finales del siglo IX o principios del X llamado *Libro del Prefecto* (*Eparchikon Biblion*), un conjunto de directrices dirigidas al prefecto urbano en relación con los gremios constantinopolitanos responsables de la manipulación o producción de alimentos, servicios comerciales y dinero, o del suministro de bienes necesarios para las ceremonias de la corte imperial.

Así, encontramos reglamentos relativos a panaderos, tenderos, pescaderos, comerciantes de tejidos de producción nacional o importados del Oriente musulmán, *perfumistas*, comerciantes de jabón y cera, vendedores de incienso, carniceros de cerdo, cordero y ternera, así como notarios, banqueros y cambistas. Y éstos eran sólo los oficios que interesaban especialmente a las autoridades imperiales y sobre los que querían ejercer vigilancia y control. Hay que imaginar una franja mucho más amplia de actividades comerciales, en gran medida no reguladas, más allá de éstas.

También es evidente que el ganado y otros productos (como la madera) se trasladaban a grandes distancias desde todo el imperio para llegar al mercado de Constantinopla. Incluso el ritmo ceremonial de la corte estaba calibrado para coincidir con el ritmo del suministro de alimentos de la ciudad. Una recopilación de rituales imperiales del siglo x conocida como *Libro de Ceremonias* recoge, entre las procesiones con las que el emperador y su séquito recorrían la ciudad, los protocolos que debían seguirse cuando se realizaba una visita formal a los silos de grano del *Estagirita*.

Cuando se trataba de alimentar a la ciudad, nada podía dejarse al azar ni, al parecer, a la confianza. Como consta en el *Libro de Ceremonias*: También es necesario que un agrimensor siga de cerca al emperador, para que si quiere estar seguro de si tanto grano está realmente almacenado allí, el agrimensor pueda medir cualquier lugar que el emperador inspeccione y decirle la verdad». Sólo cuando el emperador se sintiera totalmente tranquilo, la procesión podría seguir su camino.

3

DE LA ANTIGÜEDAD A LA EDAD MEDIA

Contener la crisis

A finales del siglo IV, el Imperio Romano se había dividido en dos partes, cada una de ellas (en su mayor parte) con un gobernante independiente: el Imperio de Oriente (que comprendía Grecia, Asia Menor y Anatolia, Siria, Palestina y Egipto) y el Imperio de Occidente (formado por Italia, Galia, Britania, la península Ibérica y África), con la línea divisoria entre las dos partes a través de Ilírico en los Balcanes.

Sin embargo, a principios del siglo V, el imperio en su conjunto se vio sometido a una presión militar sostenida por parte de los hunos y diversos pueblos germánicos de más allá del Rin y el Danubio. Esta presión fue especialmente pronunciada en las provincias occidentales del imperio, que soportaron el peso de la invasión bárbara y fueron perdiendo progresivamente el control imperial central, de modo que, a principios de la década de 470, el Imperio de Occidente apenas se extendía más allá de Italia.

En 476, el último emperador romano de Occidente, Rómulo Augústulo («el pequeño Augusto»), fue depuesto por el general godo Odoacro, quien escribió a Constantinopla informando a las autoridades imperiales de que ya no era necesario un emperador en Occidente.

Así pues, en lugar de una hegemonía romana transmediterránea unificadora, a finales del siglo V habían surgido reinos autónomos en Italia, España, Galia y África bajo el dominio godo, franco, borgoñón y vándalo. El control romano se perdió incluso en la propia Roma.

Mientras que los dirigentes de algunos de estos regímenes (como los burgundios de Saboya) seguían respetando de boquilla el concepto de soberanía imperial que emanaba de la sede del emperador romano en Constantinopla, otros, como los vándalos, desafiaron abiertamente a la corte imperial e impugnaron las pretensiones de autoridad universal del emperador, al tiempo que adoptaban, en sus propias cortes, un estilo de gobierno cada vez más imperial. En España y el sur de la Galia, por ejemplo, el régimen godo (asistido por cortesanos romanos) comenzó a revisar y actualizar el derecho romano con respecto a la propiedad y otras cuestiones delicadas, infringiendo así lo que se consideraba una prerrogativa imperial.

Para colmo de males, los godos y los vándalos también rechazaron públicamente lo que se había convertido en la definición imperial de la fe cristiana. La comunidad cristiana en la época de Constantino se había visto sacudida por disputas teológicas. Así, en 325, en la ciudad de Nicea, Constantino convocó el primer concilio de la Iglesia en su conjunto (un «concilio ecuménico»), tanto para resolver cuestiones relacionadas con el gobierno de la Iglesia como para zanjar la principal disputa teológica: si, dentro de la «Santísima Trinidad» de Dios Padre, Dios Hijo y Dios Espíritu Santo, el Padre y el Hijo eran iguales y coexistían en todos los tiempos. Un concilio posterior fue convocado en 381 por Teodosio I para aclarar la misma cuestión.

Estos concilios habían denunciado las enseñanzas de un eclesiástico alejandrino del siglo IV, conocido como Arrio, que defendía la superioridad de Dios Padre. Los bárbaros, por el contrario, se pusieron del lado de Arrio, durante cuyo periodo de ascendencia teológica habían sido evangelizados por primera vez, y cuya postura doctrinal les permitió distanciarse aún más de Constantinopla.

La desaparición del poder romano en Occidente y la aparición de los reinos sucesores posromanos constituyeron, por tanto, un desafío directo a la autoridad del emperador romano que quedaba en Constantinopla, quien afirmaba ser el único heredero de Augusto, con jurisdicción legítima sobre todos los territorios que habían sido romanos. Este hecho no pasó desapercibido en los círculos políticos de Constantinopla a principios del siglo VI, donde la disparidad entre las pretensiones teóricas de autoridad universal del emperador y su evidente impotencia sobre gran parte de los antiguos territorios romanos contribuyó a generar una avalancha de especulaciones y debates políticos sobre la naturaleza del cargo imperial.

Al mismo tiempo, es probable que las tensiones políticas en Constantinopla a principios del siglo VI se vieran agravadas por otras amenazas y problemas que se cernían sobre el horizonte. En el siglo v, se habían establecido relaciones en gran medida pacíficas entre el Imperio Romano de Oriente y Persia. Los gobernantes de estos dos imperios se habían sentido amenazados por los hunos y, en consecuencia, habían cooperado contra los bárbaros en su seno. Probablemente fue la negociación de esta paz con Persia lo que permitió al Imperio Romano de Oriente superar la crisis del siglo v.

Sin embargo, a principios del siglo VI se reavivó la guerra entre los imperios. En 502, los persas habían lanzado lo que desde Constantinopla se percibió como un ataque no provocado contra la Siria romana. Aunque los persas habían sido finalmente persuadidos de retirar sus fuerzas a cambio del pago de un tributo, la guerra había sido costosa y sólo podía haber servido para excitar un profundo sentimiento de inseguridad por parte de muchos de los habitantes de las provincias orientales del imperio y de aquellos que poseían tierras allí, incluidos los miembros de alto rango del senado en Constantinopla. A través de esta conexión senatorial, la debilidad militar percibida en los confines de Siria tuvo un profundo impacto en las condiciones políticas de la capital imperial.

La reanudación de la guerra con Persia también conllevó otras implicaciones de mayor alcance. Los emperadores no tuvieron más remedio que mejorar la capacidad militar y la infraestructura defensiva del imperio. Todo ello requería dinero, y el dinero significaba impuestos (se ha calculado, por ejemplo, que el ejército romano recibía entre la mitad y dos tercios de todos los ingresos fiscales recaudados por el Estado romano).

Sin embargo, desde mediados del siglo IV, a los emperadores romanos les resultaba cada vez más difícil conseguir una fiscalidad eficaz. Como se vio en el capítulo I, el siglo IV había sido testigo de la aparición en todo el mundo romano de una nueva aristocracia imperial de servicio, cuyos miembros habían llegado a dominar tanto los más altos cargos del Estado como, cada vez más, la sociedad terrateniente local. Aunque sus latifundios altamente productivos contribuyeron a impulsar el crecimiento económico, desde el punto de vista fiscal, esta evolución se revelaría muy ominosa.

La fiscalidad tardorromana recaía principalmente sobre la tierra y los que la trabajaban, y el ascenso de la nueva aristocracia de servicio significaba que una parte cada vez mayor de la tierra pasaba a manos de individuos que, en virtud de los cargos gubernamentales y las conexiones de que disfrutaban, estaban especialmente bien situados para evadir los impuestos a los que estaban sujetas sus propiedades (y que a menudo se les encargaba recaudar).

A partir de finales del siglo IV, la evasión de impuestos por parte de estos terratenientes se convirtió en un creciente motivo de preocupación para los emperadores, que también expresaron su creciente inquietud por la voluntad y la capacidad de estos terratenientes para burlar otros aspectos de la ley imperial, por ejemplo, alentando a las tropas imperiales a servir como criados armados privados en sus propiedades, o construyendo ilegalmente prisiones en sus propiedades con las que intimidar y engatusar a su mano de obra. La reanudación de la guerra con Persia a principios del siglo VI sirvió para aumentar la presión sobre el gobierno imperial para hacer frente a esta situación, tratando de fortalecer el mandato del emperador y su ley en las provincias.

El debilitamiento de la autoridad imperial se vio intensificado por otro acontecimiento. El Concilio de Constantinopla de 381 había cerrado de hecho el debate dentro de la Iglesia imperial con respecto a la teología trinitaria. Como consecuencia, teólogos y eclesiásticos comenzaron a debatir la relación entre lo humano y lo divino en la persona de Jesucristo, que se suponía que era a la vez plenamente humano y plenamente divino. Este debate sobre la «cristología» se había vuelto cada vez más acalorado a raíz de la afirmación de un patriarca de Constantinopla de principios del siglo V llamado Nestorio, que había negado que la Virgen María (que se perfilaba como patrona de la ciudad) debiera llamarse la «Theotokos» («La que dio a luz a Dios»), ya que sólo podía haber dado a luz al Jesús humano.

Nestorio había sido depuesto, pero sus oponentes en la Iglesia de Siria, Egipto y otros lugares (encabezados por Cirilo, Patriarca de Alejandría) consideraron que la definición cristológica establecida en el consiguiente Concilio eclesiástico de Calcedonia en 451 había dado demasiado terreno a quienes estaban decididos a establecer distinciones tajantes entre las naturalezas humana y divina de Cristo, y en consecuencia la habían rechazado. Sin embargo, los decretos de estos concilios ecuménicos tenían rango de ley imperial. Por lo tanto, oponerse a ellos no era sólo oponerse a la voluntad de Dios, sino también a la voluntad del emperador.

Cada uno de estos desafíos a la autoridad imperial suscitó una respuesta decidida durante los primeros años del reinado del emperador Justiniano, cuyo mandato marcaría un antes y un después en la evolución del mundo bizantino. Las reformas iniciadas por Justiniano en el periodo comprendido entre *c.* 527-44 deben considerarse en su conjunto. Al igual que la cúpula de su gran monumento en Constantinopla, la Iglesia de la Santa Sabiduría, o Santa Sofía, el concepto general de la reafirmación de la dignidad imperial dependía de las subestructuras de apoyo de una gama desorientadoramente diversa de políticas que abarcaban la religión, la ley, la administración provincial, la política fiscal y la ideología imperial.

La primera prioridad de Justiniano fue reafirmar el control imperial sobre la vida religiosa de sus súbditos. Entre los primeros actos del nuevo emperador en los años 528-9, se encontraban medidas que instituían la persecución concertada de los paganos supervivientes entre las clases altas, así como de herejes y homosexuales. Asimismo, el año 532 vio el primero de los repetidos esfuerzos de Justiniano por reconciliar a los elementos pro y anti calcedonianos dentro de la Iglesia. Este intento combinaba un esfuerzo aparentemente genuino por establecer una posición teológica con la que todos pudieran estar de acuerdo, con una determinación despiadada de castigar y excluir a aquellos obispos individuales que habían liderado la resistencia a las autoridades imperiales.

Al mismo tiempo, el emperador trató de justificar ideológicamente el papel activo que estaba decidido a desempeñar en la vida religiosa de sus súbditos. De forma más explícita que cualquier otro emperador anterior, Justiniano afirmó que la autoridad del emperador y la del sacerdocio derivaban de una fuente divina común. El ceremonial imperial adoptó un tono cada vez más religioso, subrayando el lugar único del emperador en la intersección de las jerarquías de poder divina y terrenal.

Este decidido esfuerzo por volver a situar al emperador en el centro de la vida religiosa de sus súbditos fue paralelo a un intento de reafirmar el control imperial sobre las estructuras seculares de gobierno. Entre 528 y 534, los consejeros de Justiniano reformaron y codificaron el derecho civil del imperio. El marco jurídico heredado se remodeló para adaptarlo a las necesidades contemporáneas, y el emperador se erigió, por primera vez en la tradición romana, en la única fuente legítima de derecho. La persona del emperador era, decretó Justiniano, «la ley animada».

A medida que tomaba forma el nuevo marco legal del imperio, Justiniano intentó también, en 535, hacer más factible el recurso a la ley por parte de sus súbditos. Entre 535 y 539, Justiniano legisló sobre las estructuras administrativas y de gobierno de no menos de diecisiete provincias, en un intento de hacer que los gobernantes fueran menos propensos a los corruptores encantos que ofrecía el patrocinio de los terratenientes aristocráticos y de asegurar la recaudación de unos ingresos fiscales vitales. Como declaró Justiniano en 539 en su edicto sobre Egipto, la evasión fiscal por parte de concejales, terratenientes y funcionarios imperiales amenazaba «la cohesión misma de nuestro Estado».

Una serie de reformas tan concertadas estaba destinada a suscitar oposición interna, sobre todo por parte de los intereses aristocráticos para los que el gobierno imperial activo no era en absoluto una opción atractiva. La primera y más dramática expresión de descontento estalló en el año 532 con los disturbios de Nika (véase el capítulo 2), que el emperador aplastó en medio de un horrible baño de sangre en el Hipódromo de la ciudad.

Al mismo tiempo, Justiniano adoptó una postura agresiva frente a los rivales del imperio al este, norte y oeste. Justiniano invirtió mucho en la infraestructura defensiva del imperio a lo largo de su frontera persa y en los Balcanes, y trató de extender la influencia del imperio entre los pueblos del Cáucaso y Arabia, utilizando la actividad misionera y la conversión, así como los subsidios y la fuerza de las armas para atraerlos a una órbita cada vez más constantinopolitana.

Militarmente, las fronteras oriental y septentrional fueron las principales preocupaciones de Justiniano. Sin embargo, en la década de 530, el emperador aprovechó la inestabilidad política del reino vándalo del norte de África y del régimen ostrogodo de Italia para intentar restaurar el dominio romano directo sobre estos territorios. En muchos aspectos, al igual que la reconstrucción de Santa Sofía, se trataba de campañas baratas: sólo se enviaron unos 15 000 hombres al norte de África, y es poco probable que hubiera más de 30 000 soldados en servicio activo durante la larga campaña italiana.

No obstante, estas incursiones occidentales tuvieron éxito. El norte de África cayó en 533-4, e Italia fue conquistada entre 535 y 553. A principios de la década de 550, los ejércitos de Justiniano lograron incluso afianzarse en el sur de España. A principios de la década de 550, los ejércitos de Justiniano lograron incluso asentarse en el sur de España. Estas victorias contribuyeron en gran medida a restaurar el dominio político, ideológico y militar del Imperio en el Mediterráneo central y occidental (Mapa 3).

Sin embargo, desde principios de la década de 540, el ambiente de ambición y confianza que había caracterizado los primeros catorce años del reinado de Justiniano comenzó a dar paso a una actitud bastante más sombría. Las razones parecen ser varias. En primer lugar, a pesar de la postura agresiva de Justiniano hacia Persia, los sasánidas aún eran capaces de romper las defensas orientales del imperio. En 540, el shah persa Khusro I fue capaz de burlar las defensas romanas en Mesopotamia y saquear la ciudad de Antioquía, un acontecimiento que dejó una profunda impresión en el contemporáneo Procopio, quien escribió que «se mareó» cuando intentó informar de la calamidad.

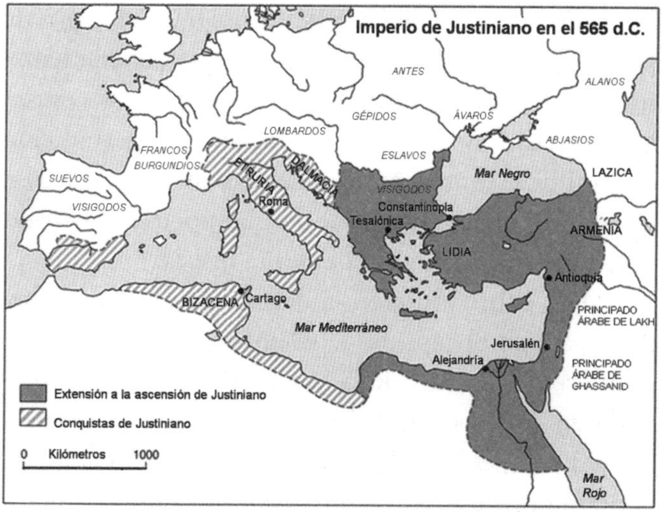

Mapa 3. El imperio de Justiniano en 565. A partir de *The Oxford History of Byzantium*, editado por Cyril Mango (2002).

En segundo lugar, desde finales de la década de 550, la posición imperial en los Balcanes se vio socavada por la llegada al norte del Danubio de un poderoso grupo nómada que huía de la inestabilidad política y militar de la estepa euroasiática. Forzados hacia el oeste por la expansión hacia el norte del Cáucaso y el Mar Negro del Imperio Turco de Occidente, un pueblo conocido como los ávaros llegó a establecerse en la cuenca del Danubio. Aunque en un principio Justiniano logró incorporar a los ávaros a su política tribal, su llegada fue ominosa.

Y lo que es más importante, la propia política interna, fiscal y religiosa de Justiniano empezó a tambalearse. Cada vez era más evidente que la disputa sobre Calcedonia era esencialmente insoluble. En 553, en el

Segundo Concilio de Constantinopla, los teólogos de Justiniano elaboraron una fórmula que debería haber respondido a las preocupaciones de todas las partes implicadas. Sin embargo, a estas alturas, la tradición del conflicto sobre Calcedonia estaba tan arraigada en las mentes de los participantes que pocos estaban interesados en restaurar la paz en la Iglesia.

Pero, sobre todo, en la década de 540, como hemos visto en el capítulo 2, el imperio sufrió un duro golpe con la llegada de la peste bubónica, que, originada en África central, llegó al imperio por primera vez a través del Mar Rojo en el año 541. Desde Egipto, la peste pronto se extendió a Constantinopla, Palestina, Siria, Asia Menor, los Balcanes y el norte de África e Italia. Desde Egipto, la peste no tardó en extenderse a Constantinopla, Palestina, Siria, Asia Menor, los Balcanes, el norte de África e Italia. Tanto las ciudades del imperio como las zonas rurales del interior se vieron gravemente afectadas por el impacto inicial de la enfermedad y sus posteriores reapariciones. La población del imperio podría haberse reducido en un tercio. Esto no sólo significó una gran miseria humana, sino que también redujo drásticamente el número de contribuyentes de los que podía depender el Estado. Esto, a su vez, condujo a la parálisis administrativa, y varias de las reformas provinciales de Justiniano tuvieron que ser revocadas.

En 565 murió Justiniano. Como el poeta de la corte Coripo dijo: «la impresionante muerte del hombre mostró por signos claros que había conquistado el mundo. Sólo él, en medio de lamentos universa-

Figura 4. Panel de mosaico de San Vitale, Rávena, que representa al emperador Justiniano (siglo VI). Wikipedia. Dominio público

les, parecía regocijarse en su piadoso semblante». El recuerdo de Justiniano (figura 4) ocuparía un lugar preponderante en las mentes de las siguientes generaciones de emperadores, al igual que los monumentos físicos construidos en Constantinopla durante su reinado dominarían durante mucho tiempo la ciudad medieval. Sin embargo, a pesar de la grandeza del proyecto de Justiniano, un reinado que prometía mucho acabó en decepción. Justiniano legó a su sucesor, Justino II (565-74), un imperio que, aunque más extenso, era sin embargo marcadamente frágil e inestable desde el punto de vista fiscal.

Heraclio y la guerra santa

Esta inestabilidad fiscal, en particular, iba a socavar en gran medida los reinados de los sucesores de Justiniano y limitar su capacidad para hacer frente a las necesidades militares cada vez más apremiantes. Justino II declaró a su llegada que «encontró el tesoro cargado con muchas deudas y reducido al agotamiento total». En consecuencia, el emperador no quiso, o no pudo, continuar con las subvenciones con las que el imperio se había asegurado el apoyo de sus aliados en el norte de Arabia, así como, más recientemente, de los ávaros en los Balcanes.

La consolidación del poder de los ávaros al norte del Danubio hizo que la política de Justiniano de «divide y vencerás» fuera cada vez menos eficaz. Tanto eslavos como lombardos intentaron huir de la dominación ávara, adentrándose en territorio imperial en los Balcanes e Italia respectivamente. Entre 568 y 572, gran parte del norte de Italia cayó en manos de los lombardos. En la década de 580, varias ciudades de los Balcanes, desde Tesalónica hasta Atenas, sufrieron repetidos ataques ávaros y eslavos. Los ávaros se concentraron en las llanuras del norte, mientras que los eslavos aprovecharon las tierras altas montañosas y la cubierta forestal para atacar y asentarse cada vez más al sur. A medida que aumentaba la presión militar, se agravaba la crisis financiera. En 588, la paga militar se redujo en un 25 %, lo que provocó un gran motín en la frontera oriental del imperio.

En el año 602, las fuerzas imperiales hacían campaña contra las tribus eslavas más allá del Danubio. El emperador Mauricio (581-602) ordenó que las tropas continuaran la campaña durante el invierno. El emperador ya era impopular en los círculos militares debido a sus medidas de ahorro, y el ejército danubio estalló en una revuelta abierta bajo el liderazgo de un oficial llamado Focas. El ejército marchó sobre Constantinopla, masacró a Mauricio y a su familia y elevó a Focas al trono imperial, en el primer *golpe de estado* con éxito desde la ascensión de Constantino.

La caída de Mauricio y la llegada de Focas (602-10) llevaron al imperio a una prolongada guerra civil. El sha persa Khusro II aprovechó la ocasión para atacar las posiciones romanas en el Cáucaso y Siria. En 610, los persas habían alcanzado el Éufrates y en 611 avanzaban hacia Anatolia. Estas dramáticas victorias persas fueron catalizadas y facilitadas por una mayor inestabilidad política. En particular, en 610, el hijo del gobernador de África, Heraclio, llegó a las afueras de la capital imperial al frente de una flota con la intención de derrocar a Focas. Los partidarios del emperador le abandonaron rápidamente y Heraclio (610-41) fue coronado.

Los persas aprovecharon el desorden romano para completar la conquista de Siria y Palestina. En 613 cayó Damasco, mientras que en 614 un victorioso ejército persa entró en Jerusalén, donde, en medio de una gran matanza general, los restos de la Vera Cruz fueron incautados y enviados a Persia. En 615, un acobardado senado constantinopolitano estaba dispuesto a pedir la paz. Se envió una embajada de alto rango a Khusro II. Se dirigieron al sha como «emperador supremo», y describieron a Heraclio como «verdadero hijo del sha, deseoso de prestar los servicios de vuestra serenidad en todas las cosas». El senado estaba dispuesto a reconocer al Imperio persa como superior al de Roma, y al emperador romano como cliente del sha. La respuesta de Khusro fue directa. Los embajadores fueron ejecutados. No hubo piedad. Persia estaba decidida a eliminar a su antiguo rival imperial.

Los persas estaban ya listos para iniciar la conquista de Egipto. En 619 cayó Alejandría y, al parecer, en menos de un año toda la provincia estaba en manos persas. Ahora sólo quedaba que los persas reanudaran el avance hacia Anatolia y se dirigieran a Constantinopla. Los persas ejercían ahora una presión inexorable sobre lo que quedaba del imperio. Heraclio se enfrentaba a una dura disyuntiva: podía esperar a que los persas estrecharan el cerco, luchando en una serie de acciones de retaguardia que ofrecían pocas posibilidades de éxito final, o podía tirar la cautela al viento y plantar batalla al enemigo. Heraclio optó por lo segundo.

Entre 615 y 622, el emperador había instituido una serie de medidas de crisis destinadas a maximizar los recursos a su disposición. Los salarios oficiales y las pagas militares se redujeron a la mitad y se revisaron las estructuras gubernamentales. Las iglesias fueron despojadas de sus ornamentos de oro y plata y se drenó la riqueza de las ciudades. Estos fondos se utilizaron para intentar comprar la paz con los ávaros en el oeste y obtener el apoyo de la población cristiana del

Transcaucaso y los territorios ocupados. Este esfuerzo se vio reforzado por una campaña de propaganda religiosa, que hacía hincapié en los horrores asociados a la caída de Jerusalén y se basaba en la sensibilidad apocalíptica que caracterizaba a la época. Al mismo tiempo, el emperador se dedicó a organizar una fuerza de infantería intensamente entrenada, versada en las tácticas de la guerra de guerrillas y entusiasmada por el fervor religioso. Se llegó a enunciar un concepto de «guerra santa» cristiana contra el infiel persa.

No tenía mucho sentido que Heraclio intentara enfrentarse a las superiores fuerzas persas en terreno abierto. Más bien, el emperador se dio cuenta de que su mejor esperanza sería dirigirse al norte, a las tierras altas del Cáucaso, donde podría pedir refuerzos a los principados cristianos de la región, y donde un ejército pequeño y muy móvil podría burlar a un enemigo numéricamente preponderante.

En 624 Heraclio partió de Constantinopla. Remontando el Éufrates, los romanos se adentraron en la Armenia persa, arrasando varias ciudades a su paso y destruyendo el principal templo del fuego de la religión zoroástrica de los *shahs* en Takht-i-Suleiman como venganza explícita por la masacre de los cristianos de Jerusalén. Poco después, Heraclio convocó a los señores cristianos de la región y envió una embajada a los turcos del norte del Cáucaso, en un intento de negociar una alianza con la formidable potencia esteparia.

Los repetidos intentos de los persas de inmovilizar y atrapar a Heraclio en las montañas y valles del Cáucaso fracasaron. En consecuencia, en el año 626, los persas intentaron atraerlo lanzando un ataque conjunto con los ávaros contra Constantinopla. Sin embargo, como se vio en el capítulo 2, el asedio de los ávaros fracasó (supuestamente frustrado por la intervención personal de la Virgen María). Heraclio, además, no había mordido el anzuelo y había seguido alimentando sus alianzas caucásicas.

Fue entonces cuando el emperador activó la alianza con los turcos. En 627, un ejército conjunto de romanos y turcos asaltó las defensas septentrionales de Persia, entre el Cáucaso y el Caspio, y avanzó hacia el sur, hasta los montes Zagros, en el corazón de Persia. Los turcos volvieron hacia el norte, pero Heraclio siguió adelante hasta que pudo asaltar la capital persa de Ctesifonte, reduciendo a cenizas y escombros las ricas propiedades y ciudades que la rodeaban, emulando las tácticas de «tierra quemada» que los ejércitos de Khusro II habían adoptado en Asia Menor.

En los círculos militares y cortesanos de Ctesifonte cundió el pánico y el 24 de marzo de 628 Heraclio recibió la noticia de que Khusro II había sido depuesto en un golpe de estado y había muerto. Las negociaciones que siguieron devolvieron la Vera Cruz a Jerusalén y el control romano a Oriente Próximo. Como anunciaba el despacho de la victoria a Constantinopla: «Ha caído el arrogante Khusro, el enemigo de Dios. Ha caído y ha sido arrojado a las profundidades de la tierra, y su memoria ha sido exterminada por completo».

Restauración y colapso

El Imperio de Oriente quedaba así restaurado, o al menos lo estaba hasta cierto punto. La concentración imperial en el este, por ejemplo, había provocado un nuevo y dramático debilitamiento de su posición en los Balcanes. Aunque la confederación de los ávaros estaba en ruinas tras la derrota de 626, no sólo las tierras altas, sino cada vez más las tierras bajas de los Balcanes estaban siendo colonizadas por tribus eslavas autónomas.

Las ciudades de Anatolia y Asia Menor habían quedado exhaustas por los esfuerzos económicos de la guerra. Muchas de ellas estaban en ruinas como consecuencia de los ataques persas. En Siria, Palestina y Egipto, la reafirmación del control imperial en ese momento debió de ser en gran medida nominal. Las antiguas tradiciones de gobierno se habían visto alteradas y aún debían ser restauradas. Sin embargo, antes de que pudiera producirse tal restauración, el imperio se encontró ante un nuevo desafío procedente de su extensa y en gran medida indefensa frontera árabe.

La rivalidad entre Roma y Persia de los siglos VI y principios del VII había implicado a ambos imperios en una serie de tratos militares y diplomáticos con las tribus árabes de su sur. Esta implicación en la región por parte de las grandes potencias parece haber desencadenado lo que algunos historiadores han caracterizado como una «revuelta nativista» entre los elementos de la sociedad árabe, que se unieron contra la injerencia extranjera, al tiempo que se apropiaban de algunos de los credos e ideas que se habían introducido en Arabia desde el exterior y, en el proceso, forjaban una identidad religiosa y política autónoma.

Los misioneros cristianos y los judíos les habían dicho, por ejemplo, que descendían de Ismael, el primogénito del profeta bíblico Abraham, a quien éste había arrojado al desierto. Asimismo, habían aprendido de las mismas fuentes que el mundo estaba en sus últimos días y que el juicio divino era inminente. Estas y otras ideas más heterodoxas se agitaban en un entorno sincretista que resultó ser terreno fértil para la aparición o aceptación de nuevos sistemas de creencias y nuevas formas de afiliación política.

En concreto, en la década de 620 las tribus de Arabia se unieron bajo el liderazgo de un líder religioso originario de La Meca conocido como Mahoma («el bendito»). Mahoma predicaba una doctrina rigurosamente monoteísta, muy influida por las tendencias apocalípticas del cristianismo contemporáneo y por el fervor mesiánico de los judíos de la región.

Predicaba que el juicio divino era inminente y que todos debían someterse a la voluntad del Dios único. En particular, todos los árabes debían dejar de lado sus tradiciones religiosas y rivalidades políticas heredadas y abrazar la nueva fe. A cambio, declaró Mahoma, como descendientes del primogénito de Abraham, Ismael, Dios concedería a los árabes el dominio sobre la Tierra Santa que había prometido a Abraham y a su descendencia para siempre. Tal vez influido por la propaganda difundida durante la lucha de Heraclio contra Khusro II, este retorno a Tierra Santa debía lograrse mediante la guerra santa.

Se dice que Mahoma murió hacia el año 632, pero su credo perduró y la comunidad de creyentes que estableció (conocida como la *Umma*) llenó rápidamente el vacío de poder en el norte de Arabia, el sur de Siria y el sur de Irak creado por el agotamiento de las dos grandes potencias y el consiguiente colapso de sus redes clientelares entre las tribus árabes.

A partir de 633/4, la Palestina romana sufrió salvajes incursiones árabes que combinaban la masacre de la población rural con asaltos a pueblos y ciudades. Aunque el tamaño de los ejércitos árabes parece haber sido relativamente pequeño, las autoridades imperiales estaban evidentemente en poca posición para ofrecer una resistencia efectiva. La información sobre la naturaleza de la amenaza árabe parece haber sido limitada, mientras que el rápido avance de la línea de batalla árabe dio a las fuerzas imperiales poco tiempo para reagruparse.

Ante tal situación, varias ciudades de Transjordania, Palestina y Siria simplemente capitularon: Jerusalén fue tomada probablemente a finales de 635 (aunque muchas fuentes dan una fecha posterior), mientras que en 636 un gran ejército romano fue derrotado decisivamente cerca del río Yarmuk, en el norte de Jordania. A partir de entonces, la conquista fue rápida, ya que las fuerzas romanas en retirada fueron perseguidas hasta Egipto. La debilidad de la respuesta romana llevó a los invasores a realizar campañas cada vez más lejanas, de modo que los persas no tardaron en sentir el peso de los ataques árabes, y en 656 su imperio ya no existía.

Sólo cuando se vieron obligados a retroceder hacia Anatolia y Asia Menor pudieron los comandantes romanos orientales empezar a frenar el avance enemigo. Las luchas civiles de principios del siglo VII y los años de guerra con Persia habían causado daños duraderos. Cuando, en 641, Heraclio murió, el imperio se derrumbaba a su alrededor una vez más. El Imperio Romano de Bizancio se enfrentaba ahora a su segunda gran lucha por la supervivencia, que dominaría su historia medieval temprana.

El fin del mundo antiguo

El islam como religión y los árabes como pueblo eran producto de la Antigüedad tardía y, en particular, de las condiciones políticas y religiosas que habían prevalecido en el norte de Arabia debido a la creciente rivalidad entre Roma y Persia. Sin embargo, al mismo tiempo, las conquistas árabes de principios del siglo VII destruyeron el mundo antiguo al barrer la polaridad política de Roma y Persia sobre la que se había asentado.

En la década de 640, el Imperio Romano de Oriente se encontraba en un estado de colapso político, militar y demográfico (este último debido a los repetidos brotes de peste bubónica), y estaba demasiado agotado para que los emperadores Constancio II (641-68) y Justiniano II (685-95 y 705-11) hicieran retroceder la marea enemiga, incluso cuando dos brotes de derramamiento de sangre y guerra civil en el seno del naciente imperio islámico parecieron presentar la oportunidad. Sin embargo, a diferencia del Imperio persa, Bizancio sobrevivió, y lo hizo en gran medida gracias a una notable aserción del arte de gobernar.

Los reinados de Justiniano y Heraclio ya habían puesto de manifiesto una considerable creatividad política y cultural en el Estado romano de Oriente. El programa de reforma legal de Justiniano y sus intervenciones en el desarrollo y la formación de la doctrina eclesiástica, por ejemplo, habían reformado eficazmente el cargo imperial y derribado las barreras que aún existían entre la sociedad civil y el ámbito de las creencias. El suyo era, a todos los efectos, un Estado confesional, en el que se fundían la identidad religiosa y la política. La retórica de la «guerra santa» de Heraclio había elevado esta evolución a un nivel superior de realidad imaginativa.

Es bajo Heraclio, por ejemplo, y en la propaganda producida en nombre de su corte, cuando encontramos por primera vez el concepto de la ciudad de Constantinopla como una Nueva Jerusalén, y de los ciudadanos piadosos del imperio constituyendo un Nuevo Israel. El emperador se declaró en griego *basileus*, término utilizado en la Biblia griega para describir a los reyes del Antiguo Testamento. Al mismo tiempo, el reinado de Heraclio había sido testigo de una notable creatividad y audacia en el pensamiento militar y estratégico, con la adopción de tácticas de guerrilla contra los persas y el esbozo de una «gran

Figura 5. Moneda de oro del emperador Justiniano II que representa a Cristo «Rey de Reyes» (finales del siglo VII). MET Museum.

estrategia» para la supervivencia imperial mediante la alianza con la potencia nómada dominante en la estepa de Eurasia occidental.

En el reinado de los sucesores de Heraclio, en los siglos VII y VIII, esta creatividad se acentuaría aún más, y las tendencias emergentes de la época anterior pasarían a ser inamovibles. El concepto de los bizantinos como un Nuevo Israel ocupó un lugar destacado, por ejemplo, en la propaganda difundida por el emperador Justiniano II, en cuyo reinado la fusión entre las identidades romana y cristiana quedó expresada de forma contundente por su decisión de acuñar monedas de oro con una imagen premonitoria de Cristo «Rey de Reyes» (figura 5).

En particular, los emperadores de la época supervisaron la reforma radical del sistema administrativo del imperio: las oficinas estatales tardorromanas, como la Prefectura Pretoriana de Oriente, de las que dependía el imperio, fueron sencillamente eliminadas, al igual que la estructura regimental del antiguo ejército romano y su sistema de aprovisionamiento y suministro. En su lugar, el ejército se dividió en nuevas unidades denominadas «temas» *(themata)*, cuyos soldados rasos eran recompensados en parte con un salario en metálico y en parte con una propiedad militar (*stratiotikon ktema*) que la familia del soldado podía cultivar y que éste podía transmitir a sus herederos a cambio del servicio militar. Los emperadores aprovechaban así los intereses económicos de un campesinado soldado emergente para garantizar la supervivencia del Estado.

Se abolieron las antiguas unidades de administración provincial y, en su lugar, el imperio se dividió en nuevas divisiones territoriales denominadas inicialmente *strategiai*, cada una de ellas asignada a la defensa de un ejército «temático» específico. Con el tiempo, estas nuevas unidades territoriales pasaron a denominarse también «temas», dentro de los cuales toda la responsabilidad civil y militar se confiaba al comandante o *strategos*. La militarización de la administración bizantina estuvo asociada a la fortificación de las ciudades desde las que gobernaban *los strategoi*, que pasaron a denominarse campamentos militares o *kastra*.

La persona del *strategos* respondía directamente ante el emperador y su corte, y recibía inspecciones periódicas de agentes imperiales llamados *logothetai*, que eran los ojos y oídos del emperador en las provincias. Como resultado, los territorios centrales del Imperio bizantino de finales del siglo VII y VIII eran probablemente las regiones más estrechamente administradas de todo el oeste de China (Mapa 4).

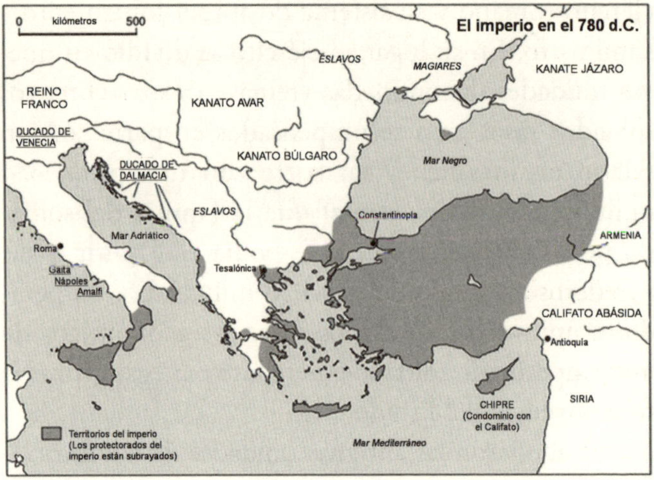

Mapa 4. El imperio en 780. A partir de *The Oxford History of Byzantium*, editado por Cyril Mango (2002).

Esta afirmación del arte de gobernar bizantino fue también en parte el resultado de procesos sociales. La sociedad provincial en la época de Justiniano, como hemos visto, había estado dominada por miembros de la aristocracia de servicio esencialmente constantiniana. Las fortunas y propiedades de muchos miembros de esta élite, sin embargo, habían sido destruidas en medio de la guerra del siglo VII. Como resultado, su poder era ahora, en el mejor de los casos, vestigial.

A nivel local, esto significaba que ahora se podían recaudar impuestos y hacer cumplir la voluntad del emperador sin tener en cuenta los intereses y preocupaciones de las grandes familias de antaño. Esto era importante, ya que mientras gran parte del imperio yacía en ruinas como resultado de los ataques persas y más tarde árabes, alrededor de Constantinopla, en Bitinia y a lo largo de la costa de Asia Menor occidental las economías locales sobrevivían en algo aproximado a sus niveles de sofisticación y prosperidad de la Antigüedad tardía. Estas regiones eran propicias para la imposición fiscal, que podía financiar la resistencia bizantina a los árabes.

Asimismo, aunque en 713 el emperador Philippikos Bardanes (711-13) habría cenado con senadores de antiguos linajes, en la corte imperial la influencia de tales familias había sido cada vez más suplantada o asimilada por la de una nueva generación de funcionarios, así como por duros militares típicamente de origen armenio o caucásico.

Como resultado, se formó una nueva élite palatina o centrada en la corte, más dependiente económicamente del Estado y quizá más comprometida ideológicamente con él. Ciertamente, desde la perspectiva del emperador, estos hombres eran más dóciles que la aristocracia senatorial de antaño. De este modo, el Imperio Bizantino salió de su crisis del siglo VII considerablemente más pequeño, pero con el poder del emperador significativamente reforzado.

4

BIZANCIO Y EL ISLAM

Definir al enemigo

A finales del siglo VII, era evidente para las autoridades bizantinas que las conquistas árabes no eran un «destello en la sartén» y que no se iban a revertir simplemente mediante la creación de una «gran alianza» al estilo heracliano. Más bien, una nueva superpotencia rival había sustituido a Persia y ejercía una presión constante sobre lo que quedaba del Imperio Romano de Oriente en Anatolia y Asia Menor, lanzando incursiones anuales desde las principales bases militares de los árabes en Siria.

De hecho, en 654 y 717 los árabes lograron incluso sitiar la propia Constantinopla, mientras que en 674 un intento de desembarcar ejércitos en la costa de Asia Menor sólo fue repelido con la ayuda de la nueva arma secreta del imperio, el «fuego griego», que había sido introducido en el alto mando bizantino por un refugiado cristiano de Siria.

Pero, ¿cómo iban a entender los bizantinos a su nuevo adversario? Durante las fases iniciales de las conquistas árabes del siglo VII, los ejércitos de la *Umma* parecen haber estado formados no sólo por miembros de tribus árabes que habían sido llamados al monoteísmo a través de la predicación de Mahoma, sino también por un cierto número de cristianos árabes y judíos del norte de Arabia. Esto hacía que el carácter religioso de los ejércitos fuera difícil de clasificar o identificar para los forasteros. Esta situación se vio agravada por el hecho de que el propio islam era, en ese momento, un movimiento relativamente incipiente, que aún no se había definido plenamente frente a lo que ahora se denomina a veces las otras religiones «abrahámicas» del cristianismo y el judaísmo.

En consecuencia, algunos observadores contemporáneos asumieron que los musulmanes eran esencialmente judíos (una suposición nada ilógica dado que afirmaban adorar al Dios del Antiguo Testamento de acuerdo con la ley mosaica, al tiempo que negaban la divinidad de Cristo). Otros, como el teólogo y monje ortodoxo del siglo VIII Juan de Damasco, consideraban que el islam se había originado como una herejía cristiana. Una vez más, tal postura era perfectamente comprensible, dado que se puede observar que el *Corán* musulmán adopta una postura con respecto a una serie de cuestiones, como la divinidad de Cristo y la crucifixión (que niega, al tiempo que concede un gran respeto a la figura de María y reconoce el nacimiento virginal), que tienen su paralelo en formas contemporáneas de pensamiento cristiano heterodoxo y gnóstico. Desde una perspectiva bizantina, el islam parecía derivado.

Desde una fecha temprana, los observadores y críticos bizantinos del islam también identificaron la predicación de Mahoma con respecto a las justificaciones religiosas de la violencia como una característica clave del movimiento. Tal vez resultara irónico, dado que la doctrina islámica de la *yihad* estaba tomando forma casi al mismo tiempo que el emperador Heraclio defendía un concepto de guerra santa contra los persas infieles y prometía la entrada directa al paraíso a quienes murieran en defensa de la fe. Pero hasta el final de la Edad Media, la percepción bizantina del islam siguió siendo esencialmente la misma: que las enseñanzas de Mahoma tenían poco de novedoso u original, salvo la ferocidad de la violencia que propugnaba. Como dijo el emperador bizantino Manuel II Paleólogo (1391-1425): «Muéstrenme lo que Mahoma aportó de nuevo y sólo encontrarán cosas crueles e inhumanas, como su orden de propagar por la espada la fe que predicaba».

Sin embargo, con la estabilización y consolidación del dominio musulmán en Oriente Próximo y Oriente Medio, los contornos de la nueva religión empezaron a definirse con mayor claridad. Los califas de la dinastía omeya, que gobernaron todo el imperio islámico desde finales del siglo VII hasta mediados del siglo VIII, desempeñaron un papel crucial en este proceso. Desde su corte en Damasco, los omeyas dirigieron personalmente la *yihad* contra Constantinopla y presidieron debates formales entre eruditos cristianos, judíos y musulmanes que ayudaron a definir mejor la fe. También dieron mayor visibilidad pública a su religión construyendo magníficos monumentos, como la Gran Mezquita de Damasco y la Cúpula de la Roca de Jerusalén, y colocando el nombre y, al parecer, posiblemente incluso la imagen de Mahoma en su propia moneda de oro, que pretendía sustituir a la moneda bizantina real o simulada que circulaba en los antiguos territorios romanos que gobernaban.

En respuesta a esta reforma de la moneda, el emperador Justiniano II, como se señaló en el capítulo 3, empezó a acuñar monedas de oro con la imagen de Cristo Rey de Reyes. En Damasco, el califa reinante Abd al-Malik contraatacó recurriendo a críticas judías anteriores de la práctica cristiana para denunciar la veneración cristiana de las imágenes religiosas (y la nueva acuñación del emperador) como idolátrica y contraria al Segundo Mandamiento contra las «imágenes esculpidas». Con ello, el califa estableció por primera vez la oposición a las imágenes religiosas como piedra angular de la fe islámica, y resulta sorprendente que, a partir de entonces, todas las monedas emitidas por el califato tuvieran un diseño totalmente no figurativo.

Rivalidad y emulación

La disputa por las imágenes religiosas que se convirtió en un rasgo de la rivalidad bizantino-islámica a finales del siglo VII es instructiva, ya que personifica hasta qué punto, a partir de ese momento, la lucha por el dominio de Oriente Próximo se libró cada vez más en un plano ideológico y en competencia por un universo simbólico compartido enmarcado por el Antiguo Testamento, con referencia al cual tanto los emperadores bizantinos como los califas islámicos trataban de justificarse.

Al mismo tiempo, los nuevos gobernantes árabes se apropiaron y reivindicaron elementos de la herencia ideológica y arquitectónica romana. La Cúpula de la Roca de Jerusalén, por ejemplo, recuerda mucho a la arquitectura eclesiástica bizantina contemporánea, mientras que la Gran Mezquita de Damasco se construyó según los principios arquitectónicos romanos y se decoró con exquisitos ejemplos de mosaicos realizados con materiales enviados desde Constantinopla como regalo diplomático. Además, al reivindicar ser el lugarteniente de Dios (*khalifat Allah*), Abd al-Malik y sus herederos se apropiaban esencialmente de la reivindicación que los emperadores romanos y bizantinos venían haciendo desde hacía tiempo con respecto a la naturaleza de su propia autoridad.

Sin embargo, la emulación era una vía de doble sentido. Desde la década de 690, como hemos visto, las autoridades califales de Damasco habían denunciado la veneración cristiana de imágenes o «iconos» (*eikones* griegos) de Cristo, María y los santos como idolátrica y contraria al Segundo Mandamiento. Hay indicios de que el califa Yazid II (720-4) pudo haber llevado esta política más lejos al ordenar la destrucción de tales imágenes en los lugares de culto cristianos bajo dominio musulmán y el encalado de las iglesias. Los primeros años del siglo VIII fueron también un periodo de creciente crisis militar y política en Bizancio, que muchos interpretaron como una prueba de que el imperio había perdido el favor divino, y aunque un asedio árabe a Constantinopla había sido rechazado en 717-18, esta sensación de presentimiento se intensificó en 726, cuando se produjo una devastadora erupción volcánica en la isla de Thera.

Había que explicar esta pérdida del favor divino. Las generaciones anteriores de bizantinos lo habrían explicado en términos de herejía cristológica, pero las enseñanzas cristológicas de la Iglesia imperial en ese momento eran las que había establecido el emperador Justiniano en el siglo VI. Desde la perspectiva del siglo VIII, Justiniano era un gobernante manifiestamente exitoso cuya ortodoxia no podía ser impugnada. Además, la mayoría de los que se habían opuesto a la definición oficial de la fe vivían ahora en un estado de cautiverio bajo el dominio musulmán en Siria y Egipto, lo que difícilmente era un signo de aprobación divina. Al parecer, algunos miembros de la corte y de los círculos eclesiásticos y militares decidieron que tal vez los musulmanes tenían razón y que la causa del desagrado divino era la veneración cristiana de los iconos.

Este sentimiento pareció confirmarse en 727, cuando un ejército árabe arrasador no logró tomar la ciudad de Nicea, donde Constantino el Grande había convocado el primer Concilio Ecuménico en 325. Se informó de que durante el asedio, un soldado bizantino (también llamado Constantino) había arrojado una piedra y pisoteado una imagen de la Virgen. Se informó de que, durante el asedio, un soldado bizantino (también llamado Constantino) había arrojado una piedra y pisoteado una imagen de la Virgen. En consecuencia, algunos atribuyeron la supervivencia de la ciudad a la intervención de Constantino (que sólo conocemos a través de un relato posterior, confuso y hostil).

Poco después, el emperador León III (717-41) promulgó un edicto en el que declaraba que «la fabricación de iconos es un arte de idolatría: no deben ser adorados». Curiosamente, León (que ya había intentado recuperar el favor divino bautizando a la fuerza a los judíos) sería denunciado por sus críticos como «de mentalidad sarracena». La línea oficial se endureció considerablemente con el hijo y sucesor de León, Constantino V (741-75), conocido en fuentes hostiles posteriores como «Coprónimo», que en 754 convocó un concilio eclesiástico en Hieria para dar cuerpo teológico al edicto de León III. Inició así una lucha sobre el lugar de las imágenes en la Iglesia bizantina conocida como «iconoclasia» o «iconomasia».

Los protagonistas de esta lucha no disponían de mucho material teológico con el que trabajar. Por lo que sabemos, las imágenes han desempeñado un papel en el culto cristiano desde los primeros tiempos de la Iglesia. Están atestiguadas, por ejemplo, en las primeras iglesias cristianas excavadas en Dura Europos (Siria), así como en las catacumbas de Roma. Sin embargo, a partir del siglo VI, las imágenes religiosas empezaron a desempeñar un papel cada vez más importante en la religión pública del imperio, y los iconos se paseaban por las calles en ceremonias imperiales, o se llevaban a la batalla con la esperanza de obtener el apoyo divino.

Pero en el plano de la «religión popular», la veneración de las imágenes era ya un hecho establecido y, significativamente, el uso temprano de tales imágenes no había suscitado casi ningún comentario hostil por parte de los autores cristianos de la época, y menos aún de los que escribían en griego. Es evidente que no se consideraban un problema. En consecuencia, ni el partido anti-icono (o «iconoclasta»), ni la facción pro-icono (o «iconódulo») tenían mucha literatura teológica preexistente a la que recurrir. Los iconoclastas, por tanto, tuvieron que basarse al final en el Segundo Mandamiento, mientras que los iconódulos tuvieron que recurrir esencialmente a las tradiciones existentes de la Iglesia.

Podría decirse que lo que dio fuerza política a la iconoclasia fue que los emperadores más fuertemente asociados a ella (León III, pero sobre todo Constantino V) demostraron ser muy eficaces militarmente, lo que llevó a un apego particularmente fuerte a la iconoclasia por parte de las bases militares. En 787, por ejemplo, un intento de convocar un concilio para revocar la iconoclasia tuvo que ser inicialmente abandonado cuando la reunión fue disuelta por soldados leales tanto a la memoria como a la teología de Constantino V.

Sólo cuando la correlación entre la victoria militar y la teología iconoclasta empezó a romperse, a finales del siglo VIII y principios del IX, pudo rehabilitarse oficialmente la veneración de las imágenes, lo que condujo en 843 al llamado «Triunfo de la Ortodoxia», por el que la política iconoclasta fue formal y finalmente rescindida. Aunque la escala y el alcance de la destrucción real de imágenes en este periodo pueden ser exagerados, el debate sobre su lugar en el culto dejaría una profunda huella en la tradición religiosa y artística bizantina (a la que volveremos en el capítulo 6).

Hay que recordar, sin embargo, que el debate se había generado originalmente por las tensiones derivadas de la interacción de Bizancio con el Islam. Como revela el fenómeno de la iconoclasia, el desarrollo y la evolución de Bizancio a lo largo de los siglos VIII, IX y X estuvieron impulsados sobre todo por la imperiosa necesidad de contener y responder al enemigo islámico.

Una sociedad fronteriza

Durante gran parte de este periodo, la naturaleza de la guerra librada por los bizantinos contra los árabes fue defensiva y de retaguardia. Una vez que los árabes establecieron un dominio efectivo sobre las tierras del Cáucaso a finales del siglo VII, los bizantinos apenas podían hacer nada para evitar incursiones a gran escala. A través de su control de Armenia en particular, los árabes establecieron el dominio de los pasos vitales este-oeste que les daban acceso abierto a la meseta de Anatolia. Los bizantinos se vieron obligados a recurrir a técnicas de guerra de guerrillas que habían sido perfeccionadas por Heraclio contra los persas.

La frontera oriental entre Bizancio y el Islam estaba dominada por las montañas. A excepción de las suaves tierras bajas de Asia Menor, a menudo aprovechadas por los incursores árabes de Tarso, las onduladas llanuras de Anatolia y las prósperas ciudades árabes que seguían el curso del Éufrates estaban separadas por una vasta cadena montañosa que se extendía desde las tierras altas volcánicas de Armenia hacia el sur. Algunos tramos de este terreno montañoso superaban los 4000 metros sobre el nivel del mar, mientras que la mayor parte de la cordillera se alzaba entre los 150 y los 2000 metros.

Controlar el acceso a través de estas montañas era, por tanto, la primera prioridad militar. Los bizantinos se dieron cuenta de que esto podía asegurarse con un número relativamente pequeño de tropas, y fortificaron los pasos de montaña denominados *kleisourai* para tender emboscadas al enemigo invasor, aunque finalmente se dieron cuenta de que era más fácil atacar a los árabes cuando intentaban regresar al califato desde territorio imperial cargados de botín y prisioneros que intentar contenerlos en las primeras fases de un ataque.

A ambos lados de las montañas se extendían las llanuras. Éstas eran áridas y polvorientas en verano y muy frías en invierno, por lo que la temporada de campaña se limitaba esencialmente a la primavera. La relativa estrechez de la temporada de campaña significaba que los ejércitos árabes solían estar formados principalmente por caballería ligera, que los bizantinos intentaban contener con unidades de infantería de los ejércitos temáticos, en su mayoría reclutadas localmente. Durante los periodos de invasión árabe, la población civil era evacuada a fortalezas en las montañas, así como a vastas ciudadelas subterráneas. Así, el tratado «Sobre la guerra de escaramuzas», atribuido al emperador Nicéforo II Focas (963-9), aconseja «evacuar bien la zona y buscar refugio para los habitantes y sus rebaños en montañas altas y escarpadas». Asimismo, el poeta árabe del siglo x Muttanabi describe a los civiles bizantinos «Escondidos en las rocas y sus cuevas, como serpientes en el corazón de la tierra».

La escala de los ataques árabes podía ser masiva. En los siglos VIII y IX, califas como Harun al-Rashid, que podían recurrir a los recursos de todo el mundo musulmán, entraban en territorio bizantino con hasta 100 000 hombres. Es posible que los bizantinos de esta época contaran con un número similar de tropas en todo su imperio. Para los bizantinos en este período, ser capaz de convocar a 20 000 soldados con el propósito de una sola campaña era bastante excepcional. La confrontación directa con este mundo islámico unido, por lo tanto, podría ser de poca utilidad. Más bien, el imperio se vio obligado a librar una larga guerra de desgaste hasta que el propio mundo islámico empezó a fragmentarse.

Sin embargo, el mundo de la frontera no era un mundo cerrado en el que sólo penetraban los ejércitos merodeadores durante las campañas. Incluso durante los siglos VII y VIII, es probable que un volumen considerable de comercio cruzara la frontera. Ciertamente, el intercambio a alto nivel, regulado por las autoridades bizantinas y árabes, está ampliamente atestiguado en nuestras fuentes.

Hasta la acuñación por Justiniano II de la moneda imperial de oro con la imagen de Cristo a finales del siglo VII, las autoridades bizantinas parecen haber suministrado a las zonas fronterizas árabes moneda de oro y bronce para la acuñación de emisiones de baja denominación. A cambio, según nuestras fuentes islámicas, los musulmanes suministraban a los bizantinos papiros procedentes de Egipto. En el siglo X, como hemos visto, se tiene constancia de que en Constantinopla residían comerciantes árabes (sobre todo del sector textil), y en el puesto comercial de Trebisonda, en el Mar Negro, también se realizaba una gran parte del comercio bizantino-árabe (aunque en gran parte por intermediarios armenios).

Más allá de estas transacciones reguladas y de «alto nivel», es probable que también existieran modelos autónomos de intercambio que se desarrollaron en las bases de la sociedad fronteriza. Como ya se ha indicado, la frontera no era impermeable y consistía más en zonas de control sombreadas que en bloques territoriales discretos. Dada la naturaleza de la frontera, a pesar de las diferencias de religión y la experiencia de la guerra, lo natural habría sido que los habitantes de las zonas de control bizantinas y los de las musulmanas (muchos de los cuales seguían siendo cristianos) entablaran relaciones recíprocas.

En particular, la gran prosperidad económica de las ciudades bajo control árabe habría actuado como un imán para quienes deseaban vender mercancías o buscaban empleo. El historiador árabe Ibn al-Atir, por ejemplo, registró que en el año 928 llegaron a la ciudad de Melitene, controlada por los árabes, unos 700 bizantinos y armenios con picos en busca de empleo como obreros. El hecho de que estos «obreros» resultaran ser soldados bizantinos disfrazados no es tan importante como que se considerara una tapadera convincente.

Además, en el siglo x, la sociedad de las tierras de marcha orientales de Bizancio había pasado a estar dominada por familias de magnates caudillos, a menudo de ascendencia armenia, caucásica o incluso árabe cristiana, que habían liderado la resistencia local a los invasores. En términos de cultura y *costumbres*, estas familias tenían mucho en común con sus homólogos armenios, kurdos y árabes musulmanes en territorio enemigo. Por ejemplo, el estilo arquitectónico de las residencias de élite de la Capadocia bizantina y las del norte de Siria, gobernado por los árabes, presentaba grandes similitudes. Estas familias de mercaderes eran capaces de forjar alianzas transfronterizas: se tiene constancia, por ejemplo, de que varios caudillos árabes desertaron a Bizancio, mientras que en 979 el magnate oriental Bardas Skleros huyó al califato cuando fracasó en su intento de deponer al emperador Basilio II.

También existía un mercado de novias que abarcaba toda la zona fronteriza. Así, el héroe mítico de una tradición de la poesía heroica bizantina ambientada en el mundo de las marchas orientales, Digenis Akrites, es de filiación mixta, mitad romana y mitad árabe (su nombre significa literalmente «mestizo» o «de doble ascendencia»). Así pues, la combinación de pruebas literarias y arqueológicas sugiere la aparición gradual de una sociedad fronteriza relativamente fluida, caracterizada por fuertes lazos económicos y personales que trascendían la división política y religiosa.

Las vicisitudes de la guerra

Desde su capital en Damasco, los califas de la dinastía omeya, como Abd al-Malik, habían dirigido lo que podría denominarse un «estado de *yihad*», cuyo principal objetivo era la guerra activa contra Bizancio. Sin embargo, a mediados del siglo VIII, el califato se vio desgarrado por una guerra civil que supuso la caída de los omeyas y su sustitución por una nueva dinastía conocida como los abbasíes, que se apoyaban principalmente en los antiguos territorios persas del este, donde la conversión al islam había sido más rápida, y donde la decisión de los omeyas de imponer impuestos a los musulmanes conversos que sólo debían pagar cristianos, judíos y zoroastrianos había provocado un aumento de las tensiones.

En consecuencia, los abbasíes decidieron gobernar no desde Siria, sino desde Irak, mucho más cerca geográficamente de sus centros naturales de apoyo. Desde su nueva capital, Bagdad, los califas abbasíes dominaban un horizonte político que abarcaba tanto el este, Afganistán y la India, como el norte, el Cáucaso, el Caspio y la Estepa, y el oeste, Bizancio. En consecuencia, la *yihad* contra Constantinopla dejó de tener el mismo orden de prioridad para las autoridades califales, y la presión sobre la frontera oriental de Bizancio comenzó a disminuir gradualmente.

Además, la revolución abbasí de mediados del siglo VIII también puso en marcha un proceso más general de fragmentación del mundo islámico. Mientras que el norte de África y España (que habían sido conquistadas a finales del siglo VII y principios del VIII) permanecieron leales a los miembros del clan omeya, surgieron regímenes independientes en Egipto y otros lugares, donde la conversión al islam de las poblaciones sometidas permitió que gobernantes y gobernados se identificaran cada vez más entre sí, lo que facilitó la aparición de bloques de poder más centrados en las regiones, que continuaron rindiendo pleitesía a la autoridad califal al tiempo que operaban con un creciente grado de independencia.

A finales del siglo IX, una encarnizada lucha por el poder en el corazón abbasí de Irak vaciaría el régimen desde dentro, de modo que, a partir de entonces, Bizancio ya no tuvo que enfrentarse a un enemigo islámico unido en su frontera oriental. El liderazgo de la *yihad* contra Constantinopla pasó cada vez más a manos de comandantes fronterizos como los *emires* de Alepo. Aunque voluntarios de todo el mundo musulmán siguieron acudiendo al norte de Siria para participar en la guerra contra los infieles, estos comandantes solían depender de ejércitos mucho más pequeños que las filas califales masivas de antaño. En virtud de esta fragmentación del mundo islámico, el equilibrio de poder sobre el terreno empezó a inclinarse a favor de Bizancio.

La relativa estabilización de las condiciones militares en la frontera oriental de Bizancio se hizo evidente por primera vez en el reinado del emperador iconoclasta Constantino V (y ayuda a explicar en parte su reputación de éxito militar). En un principio, las autoridades romanas orientales aprovecharon la relajación de la presión hacia el este para emprender nuevas reformas internas y comenzar a reafirmar el control imperial sobre la Grecia continental y el sur de los Balcanes (véase el capítulo 5).

Al mismo tiempo, las nuevas circunstancias militares permitieron a Bizancio no sólo contener, sino superar cada vez más su crisis del siglo VII. La economía urbana y agraria del imperio, que ya no sufría los ataques casi anuales, empezó a mostrar signos de renovado vigor, mientras que la desaparición definitiva de la peste bubónica a partir del reinado de Constantino V permitió que los niveles de población volvieran a aumentar.

Los *kastra* —los reductos militares fortificados desde los que los *strategoi* o generales de los temas habían ejercido su autoridad— se convirtieron cada vez más en el escenario de bulliciosas ferias de mercado (*panegyreis*) que contribuyeron a estimular la actividad agrícola y artesanal en el campo circundante. Esto facilitó el retorno a un mayor nivel de monetización dentro de la economía en general. Los soldados, que hasta entonces habían recibido una gratificación en metálico del emperador sólo una vez cada tres o cuatro años, pasaron a percibir un salario anual en metálico, lo que catalizó aún más el crecimiento económico y el inicio de un retorno a los niveles de sofisticación de la Antigüedad tardía en las zonas del imperio más devastadas por la guerra, donde se había perdido.

La creciente sofisticación de la economía bizantina, evidente desde finales del siglo IX, se reflejó en las esferas administrativa y militar. Aumentó el número de temas provinciales, lo que permitió una administración aún más estricta, y dentro de los temas hay pruebas de la reafirmación de la autoridad de los magistrados civiles. Un sistema administrativo que en un principio se había forjado al calor abrasador de la lucha por la supervivencia militar se asentaba ahora cada vez más en formas más regulares y menos impulsadas por las crisis. Cuanto menos se basaba la situación militar en las necesidades de la guerra de guerrillas defensiva en gran parte de Anatolia occidental y Asia Menor, más parecía que los ejércitos de infantería temáticos de estas regiones adquirían un carácter cada vez más de «guardia doméstica», convirtiéndose en milicias locales, quizá movilizadas periódicamente para ejercicios ocasionales, pero cada vez menos experimentadas en la guerra activa.

A finales del siglo IX, la fragmentación militar y política del mundo islámico era tal que los emperadores bizantinos podían plantearse seriamente pasar a la ofensiva y empezar a recuperar territorios que habían visto por última vez los estandartes romanos bajo Heraclio y su dinastía. La caballería, más que la infantería, era la mejor aliada en estas campañas de engrandecimiento territorial.

Los orígenes de esta fase expansionista de la guerra bizantino-árabe se remontan al año 863, cuando una formidable fuerza árabe fue derrotada en Poson, en el río Halys, en Anatolia. A partir de ese momento, los esfuerzos militares bizantinos parecen haber adquirido un aspecto cada vez más agresivo. A principios del siglo x, los ejércitos bizantinos dirigidos por miembros de las familias de magnates orientales, caracterizados por su conocimiento del terreno local y con generaciones de experiencia acumulada en la guerra bizantino-árabe a sus espaldas, estaban preparados para comenzar a avanzar hacia Armenia y los territorios controlados por árabes en Cilicia y el norte de Siria. Así, en la década de 930, el general bizantino Juan Curcuas dirigió fuerzas bizantinas victoriosas hacia las ciudades de Melitene y Samosata, y comenzó a atacar más allá del Éufrates.

En 961, el emperador Nicéforo Focas (que a su vez pertenecía a una familia de marquistas orientales) conquistó la isla de Creta, de vital importancia estratégica. En 965, Tarso había caído en manos de los romanos y Chipre había sido anexionada, mientras que en 969 se conquistaron Antioquía y Alepo. En el momento de la ascensión de Basilio II en 976, el control bizantino se extendía hasta Siria, donde el emperador Juan Tzimisces (969-76) había dirigido las fuerzas imperiales en 975.

Pronto el poder bizantino se proyectaría hacia el norte, hasta el Cáucaso, con la anexión de Georgia

(1000) y Armenia (1022), mientras que hacia el oeste el imperio acabaría erradicando el estado búlgaro (1001-18), que había surgido en el norte de los Balcanes tras el colapso del poder ávaro en el siglo VII, y que había cuestionado seriamente el control bizantino incluso sobre el inmediato interior tracio de Constantinopla. En 1038, los bizantinos lograron arrebatar Mesina (Sicilia) a los árabes, lo que supuso un fortalecimiento de la posición imperial en el sur de Italia.

A principios del siglo XI, Bizancio había protagonizado una impresionante remontada y volvía a ser lo que había sido a finales del siglo VI: la mayor potencia de la cristiandad. Esto se había conseguido recuperando territorio a los árabes de forma gradual y poco a poco, una ciudad y su interior cada vez.

Los emperadores parecen haber sido conscientes de que la desunión de sus oponentes era lo que les había brindado la oportunidad de expandirse una vez más y recuperar el territorio legítimamente romano. En particular, evitaron atacar objetivos de prestigio como Bagdad o Jerusalén incluso cuando estos premios estaban potencialmente a su alcance, tal vez por temor a que al hacerlo unieran al mundo islámico en una *yihad* concertada para la que los bizantinos sabían que no serían rivales. Tras cuatro siglos de guerra casi constante con las fuerzas del Islam, el imperio conocía demasiado bien a su enemigo como para cometer ese tipo de error. Como todos los púgiles que golpean por encima de su peso, los emperadores tenían que asegurarse de que sus golpes fueran cuidadosamente dirigidos.

5

ESTRATEGIAS DE SUPERVIVENCIA

Historia y diplomacia

Dada la profundidad de la crisis en la que Bizancio se había visto sumida por las conquistas persas y árabes del siglo VII, la capacidad del imperio para superar su crisis de principios de la Edad Media y comenzar a reafirmar su poder imperial tanto en el este como en el oeste a principios del siglo X es un testimonio sorprendente de la eficacia, el pragmatismo y la creatividad de la política bizantina de la época. En particular, las autoridades imperiales habían conseguido reorientarse rápidamente en un panorama estratégico en rápida evolución y modificar las prioridades diplomáticas y militares en consecuencia.

Esta capacidad quedó demostrada por primera vez a finales del siglo IV, cuando las autoridades de Constantinopla se enfrentaron a la amenaza de los hunos. Al parecer, los hunos eran originarios de China y, desde mediados del siglo IV, habían emigrado hacia el oeste por la estepa de Eurasia occidental (las llanuras y praderas que se extienden desde Manchuria hasta el oeste de Ucrania). Eran extraordinarios jinetes y estaban especializados en el uso de un arco compuesto ligero que utilizaban con efectos mortíferos.

Aunque estos nómadas esteparios eran conocidos por los chinos, que hacía tiempo que habían aprendido a temerlos, a finales del siglo IV era la primera vez que los romanos se enfrentaban a un enemigo semejante. Respondieron, como hemos visto, negociando rápidamente la paz con Persia e invirtiendo a gran escala en las defensas de Constantinopla. Pero también respondieron analizando a los hunos e intentando aprender de ellos, por ejemplo, adquiriendo mercenarios con habilidades de caballería similares y emulando las formas de tiro con arco de los hunos.

Los romanos no tardaron en darse cuenta de que los imperios nómadas como el de los hunos y otros pueblos de la estepa que siguieron su estela en los siglos VI y VII (como los ávaros y los turcos) se mantenían unidos principalmente por el prestigio del *khagan* gobernante y el temor con el que le miraban sus súbditos. Según los manuales militares bizantinos del siglo VI, bastaba con combatir a estos enemigos hasta la extenuación para que su poder se desplomara rápidamente. Esta máxima había quedado claramente demostrada ante los muros de Constantinopla en 626, cuando el fracaso del asedio de los ávaros llevó a los reclutas eslavos del *khagan* a desertar.

Así pues, los bizantinos emergieron de los siglos V y VI con una aguda conciencia de la sensibilidad estratégica del imperio a los acontecimientos en la estepa de Eurasia occidental y de la necesidad de contar con aliados para contener o rebatir las pretensiones militares de cualquier nueva potencia esteparia que surgiera. Por ello, las autoridades imperiales se preocuparon de mantener guarniciones que actuaran como «puestos de escucha» en la estepa, en el norte del Cáucaso, y en Cherson y Crimea, en el Mar Negro.

Heraclio, como hemos visto, también había identificado en la potencia dominante de la estepa euroasiática occidental una solución a su crisis persa. Fue una desgracia crítica para el imperio que el poder de los aliados turcos de Heraclio hubiera menguado justo en el momento en que eran necesarios contra los árabes. No obstante, los emperadores de finales del siglo VII tuvieron cuidado de aliarse con los jázaros, cuyo imperio sustituyó al de los turcos de la Antigüedad tardía al norte del Cáucaso y el este de Ucrania, impidiendo así que los árabes pudieran avanzar por la región y atacar Bizancio desde la estepa occidental y el norte de los Balcanes. Sólo la destrucción de los jázaros por los descendientes de los colonos vikingos conocidos como la Rus' a finales del siglo X pondría fin a esa alianza, abriendo así involuntariamente el camino a la islamización del norte del Cáucaso.

Asimismo, las autoridades bizantinas habían analizado el poder de los nuevos reinos bárbaros de Occidente y diagnosticado correctamente la naturaleza dinástica del poder en ellos. Así, Justiniano había atacado el África vándala, la Italia ostrogoda y la España visigoda en momentos de disputa por la sucesión al trono, cuando estas sociedades centradas en el rey se encontraban en su punto más débil, y los gobernantes bizantinos de los siglos VIII, IX y X estarían deseosos de obtener apoyo diplomático y militar negociando matrimonios reales para ellos y sus parientes.

Cuando los grandes rivales occidentales de Bizancio de la época, los carolingios y los otones, que se habían disputado la autoridad bizantina en Italia y el Adriático, se fragmentaron a su vez siguiendo líneas dinásticas, las autoridades imperiales se prepararon de nuevo para sacar provecho de la situación. Lo que esto demuestra es que, a pesar de que muchos de los cargos del Estado bizantino habían cambiado drásticamente entre el siglo VI y el X, se había mantenido una tradición de análisis, que se desplegó sistemáticamente en beneficio militar y político del imperio.

Esta tradición tuvo su expresión más clara en una fascinante obra procedente de la corte del emperador Constantino VII (913-59) conocida como *De Administrando Imperio* (o [Tratado] «Sobre cómo administrar el Imperio»). El prefacio de la obra está compuesto en voz del emperador y está dedicado a su hijo, el futuro emperador Romanus II (959-63). Constantino declaró que su propósito era explicar al príncipe «de qué manera cada nación extranjera tiene poder para beneficiar a los romanos y de qué manera para perjudicarlos, y cómo y por qué otra nación cada una a su vez puede ser encontrada en armas y sometida». El texto en sí es una recopilación de extractos de historiadores y biografía imperial, informes de inteligencia sobre potencias extranjeras transmitidos a las autoridades imperiales por testigos presenciales y mercaderes, y relatos en gran parte legendarios de migraciones y antiguos tratos entre Bizancio y sus vecinos destinados a enfatizar las pretensiones imperiales de autoridad, junto con detalles anticuarios sobre monumentos romanos destinados a respaldarlos.

Al mismo tiempo, el tratado proporciona una descripción relativamente actualizada de la política imperial con respecto a los príncipes cristianos de la región estratégicamente crucial del Cáucaso (es decir, Armenia y Georgia) y un análisis de cómo las principales potencias contemporáneas de la estepa de Eurasia occidental, la cuenca del Danubio y el norte de los Balcanes (jázaros, rusos, pechenegos, magiares y búlgaros) se relacionaban entre sí y, lo que es más importante, podían volverse unos contra otros.

Así lo aconseja la obra,

> para los búlgaros, el emperador de los romanos parecerá más formidable, y podrá imponerles la necesidad de la tranquilidad, si está en paz con los pechenegos, porque dichos pechenegos son vecinos también de esos búlgaros, y, cuando lo deseen, ya sea para beneficio propio o para hacer un favor al emperador de los romanos, pueden marchar fácilmente contra Bulgaria… y abrumarlos y derrotarlos.

Sin embargo, si no son de fiar, «los uzes pueden atacar a los pechenegos». Como siempre, «divide y vencerás» se percibía como la clave de la supervivencia imperial.

El legado de la Antigüedad

La capacidad diplomática de Bizancio también se vio reforzada por otras herencias de la Antigüedad tardía. En primer lugar, en el siglo VI el imperio había aprendido (sobre todo con respecto al Cáucaso) cómo podía utilizarse la conversión al cristianismo imperial para atraer a los pueblos vecinos a una órbita cada vez más constantinopolitana. Esta lección no pasó desapercibida a los emperadores de la Edad Media, que realizaron esfuerzos concertados para garantizar que primero los serbios y los eslavos asentados en Grecia y sus alrededores, y después los búlgaros y los rus (estos últimos con capital en Kiev) adoptaran el cristianismo en su forma bizantina.

Los eslavos residentes en Grecia parecen haber sido evangelizados en griego y, por tanto, helenizados en el curso de su conversión (que se produjo paralelamente al restablecimiento del control imperial directo). La adopción del cristianismo imperial por parte del *khagan* búlgaro Boris (que adoptó el nombre de bautismo de Miguel) en 864 tuvo que ser tratada con más cuidado, ya que los francos también intentaban persuadirle de que abrazara el cristianismo en su forma latina, y así atraerle hacia un eje franco antibizantino. Las autoridades imperiales respondieron permitiendo a Boris establecer una Iglesia búlgara autónoma, con su propio patriarca, y recibir una liturgia y una Biblia en la lengua predominante de sus súbditos (eslavo antiguo). Estos textos tienen su origen en la obra de dos hermanos misioneros de Tesalónica, los santos Cirilo y Metodio, agentes privilegiados de la política religiosa imperial en Europa central oriental.

Los rusos, cuyo zar Vladimir se convirtió en 989, estaban, como vimos en el capítulo 2, sobrecogidos por el esplendor ritual, ceremonial y arquitectónico de Santa Sofía, hasta tal punto que creían haber experimentado la presencia de Dios. Se dice que el líder de la Rus había pensado en convertirse no sólo al cristianismo latino, sino también al judaísmo y al islam. Se afirma que rechazó este último por considerar que «beber [alcohol] es la alegría de los rus». Su conversión al cristianismo en su forma bizantina sirvió para encerrar el mundo de la Rusia medieval (al igual que el de la Bulgaria medieval) en lo que se ha denominado una «mancomunidad bizantina», que permitía proyectar un «poder blando» y una influencia cultural en momentos en los que faltaban alicientes más directos para cooperar con Constantinopla.

Como nos recuerda la conversión de la Rus, el ceremonial imperial y religioso derivado de la Antigüedad tardía también podía utilizarse para obtener beneficios políticos tangibles. Fuentes como el *Libro de Ceremonias* y los relatos escritos por enviados extranjeros muestran cómo las autoridades imperiales trataban de manipular y coreografiar ritualmente los encuentros diplomáticos para transmitir toda la majestuosidad del emperador y la superioridad cultural y tecnológica de Bizancio sobre sus vecinos y rivales.

Al parecer, en estos encuentros se hacía especial hincapié en el papel de los dispositivos mecánicos en los que destacaban los bizantinos. Así, por ejemplo, en el siglo x, el diplomático italiano Liudprand de Cremona relata cómo, cuando fue presentado a Constantino VII, a ambos lados del trono imperial rugieron leones mecánicos, gorjearon pájaros sintéticos y, mientras él se postraba ante el estrado, el asiento imperial se elevó como por arte de magia. No puedo imaginar cómo se consiguió», afirma.

Evidentemente, este ceremonial podía llevar mucho tiempo. En una visita posterior a Constantinopla, la conversación de Liudprand con el emperador Nicéforo Focas tuvo que interrumpirse. Como escribe Liudprand «En ese momento sonó una campana. «Son más de las siete», dijo Nicéforo, «y hay una procesión eclesiástica a la que debo asistir».'

Sin embargo, cualquiera que fuera la carga que impusiera, dicho ceremonial constituía un componente esencial del arsenal ideológico bizantino. Era un elemento importante de los recursos acumulados de prestigio y *savoir faire* que la distinguían de todas las demás potencias contemporáneas con las que se encontraba en conflicto directo (con la posible excepción de los abbasíes de Bagdad, que revivieron formas sasánidas de ceremonial cortesano con fines similares).

Al mismo tiempo, a pesar de la lucha por los iconos, el Imperio medieval de Bizancio heredó de la Antigüedad tardía un sorprendente grado de unidad ideológica, centrada no en una dinastía imperial concreta, sino en el cargo de emperador y en el concepto de imperio. Como resultado, la ideología del imperio enmarcó y determinó las ambiciones incluso de los aristócratas y generales más egoístas, que normalmente aspiraban a obtener el poder imperial en lugar de escapar de él labrándose sus propios feudos autónomos.

Una vez más, este enfoque se cimentaba culturalmente a través de elaborados rituales en la corte por los que el emperador entregaba personalmente donativos y regalos a los potentados provinciales y a los *strategoi,* que eran convocados a la capital, y con los que cenaba en suntuosos banquetes. La cultura bizantina era también muy integradora desde el punto de vista político. Mediante la adopción del cristianismo imperial y la adquisición de la lengua griega, en particular, la identidad romana podía adquirirse con relativa rapidez. El general y literato bizantino del siglo XI Cecaumeno, por ejemplo, era un romano orgulloso y patriota que llevaba un nombre impecablemente griego («el quemado») a pesar de que probablemente era de ascendencia armeno-georgiana.

Nuevas crisis y nuevas soluciones

Sin embargo, las relaciones entre el gobierno imperial y la aristocracia no fueron del todo sencillas. Al igual que a finales de la Antigüedad, la expansión económica del siglo X impulsó la expansión de los latifundios. En virtud de ello, los miembros de la aristocracia palatina y las familias de magnates orientales adquirieron cada vez más tierras sobre las que se debía el servicio militar, amenazando así con socavar los ejércitos temáticos. Esto provocó una oleada de legislación bajo los emperadores desde Romano Lecapeno (que gobernó conjuntamente con el joven Constantino VII Porfirio de 920-44) hasta Basilio II, que aplastó una revuelta de miembros de la aristocracia oriental, como resultado de la cual, como hemos visto, el líder del intento de golpe Bardas Skleros huyó a Bagdad. Sin embargo, Basilio sólo consiguió la victoria con ayuda exterior, ya que su ejército se reforzó con miembros de la «guardia varangia» reclutados en la Rus escandinava de Kiev.

Aunque, como ya se ha señalado, el Imperio bizantino no era un imperio dinástico, durante gran parte del periodo comprendido entre finales del siglo IX y mediados del XI, el título imperial fue ostentado por miembros del mismo linaje, la llamada dinastía «macedonia», así bautizada por Basilio I «El Macedonio» (867-86). En el siglo XI, el cortesano y erudito Miguel Pselo escribió sobre ella: «Creo que ninguna familia ha sido tan favorecida por Dios como la suya».

El propio Basilio I era un personaje bastante ronco, cuya carrera temprana quizá pueda caracterizarse mejor como la de un poco rudo convertido en gigoló de clase alta. Siendo un joven de origen humilde, atrajo el mecenazgo de una viuda fantásticamente rica llamada Danielis, de quien se convirtió en su favorito. A través de Danielis, se introdujo en los círculos de la corte, y pronto se hizo íntimo del joven emperador disoluto Miguel III («el Borracho»), que era, en todo caso, aún más devoto de Basilio que Danielis, y a quien nombró coemperador. Basilio correspondió a Miguel por su amabilidad haciéndole asesinar y usurpando su trono. Fue un ascenso meteórico y llamativo que sirve para recordar la naturaleza cortesana del sistema político bizantino.

No todos los herederos de Basilio I siguieron los pasos del fundador de su dinastía, y, por lo que respecta a principios y mediados del siglo x, cabe destacar en particular el reinado de Constantino VII Porfirógenes, que siguió los pasos de su padre León VI (886-912) al fomentar un renacimiento del saber y las letras, patrocinar un movimiento enciclopédico que pretendía codificar y ordenar el conocimiento humano relativo a campos que iban desde la política exterior y el ceremonial cortesano hasta la medicina ecuestre, y dedicarse a la construcción de prestigiosos monumentos arquitectónicos.

Este movimiento, conocido por los eruditos como el «Renacimiento macedonio», era claramente una declaración política: era una respuesta y una refutación tanto del Renacimiento carolingio de Occidente de los siglos VIII y IX como del mecenazgo contemporáneo del aprendizaje y las artes evidente en la corte de los califas abbasíes de Bagdad. Al igual que el emperador bizantino superaba en autoridad a todos los demás gobernantes temporales de la tierra, su corte también debía sobresalir en cultura. El movimiento también intentó reconectar cultural e ideológicamente con la época de Justiniano, para extirpar el recuerdo de los iconoclastas.

El último gobernante de la dinastía macedonia murió en 1066, y siguió un período de incertidumbre política que fue testigo de un marcado revés en la fortuna bizantina. Tuvieron que pasar otros veinticinco años para que Bizancio recuperara algo parecido a la relativa estabilidad dinástica que había disfrutado bajo los macedonios. En 1081, el título imperial fue usurpado por Alejo I Comneno, miembros de cuya familia ocuparon el cargo imperial hasta 1185, cuando el trono fue ocupado a su vez por Isaac II Angelos (1185-95), su hermano Alejo III (1195-1203) y su hijo Alejo IV, que fue asesinado por Alejo V, depuesto a su vez por la Cuarta Cruzada en 1204.

Estos gobernantes —los Comnenoi y los Angeloi— gobernaban un imperio que vivía en circunstancias mucho más difíciles que las que prevalecían a la muerte de Basilio II en 1025, cuando Bizancio había alcanzado su apogeo medieval en términos de territorio e influencia política (véase el Mapa 5). Esto se debió principalmente a acontecimientos que escapaban al control del imperio. Si los acontecimientos externos habían facilitado la expansión del imperio en los siglos IX y X, una nueva reconfiguración del mundo más allá de Bizancio acabó por deshacer esos logros.

La amenaza más inmediata a la que se enfrentaba el imperio en el siglo XI era la que representaban los pechenegos, una confederación tribal nómada altamente rapaz y militarizada, cortada por el mismo patrón que los hunos y los ávaros, que había llegado a dominar la estepa occidental a finales del siglo IX

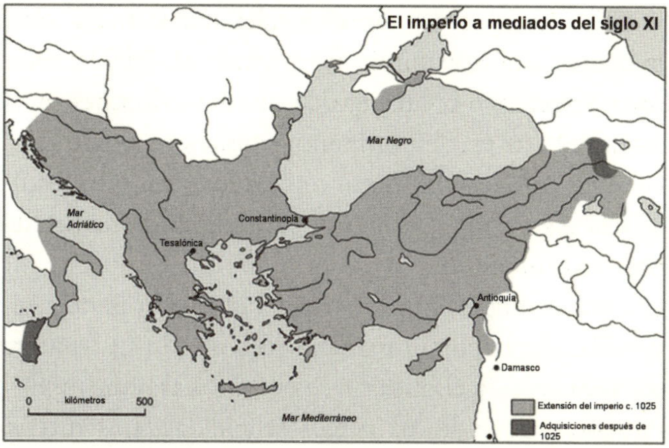

Mapa 5. El imperio a mediados del siglo XI. A partir de *The Oxford History of Byzantium*, editado por Cyril Mango (2002).

y con la que, como hemos visto, el *De Administrando Imperio* de Constantino VII se había preocupado mucho.

La subyugación de Bulgaria por Basilio II había puesto al imperio en contacto directo con estos pueblos. Como resultado, los pechenegos se convirtieron en el principal rival de Bizancio a lo largo del bajo Danubio. En 1033-6, los pechenegos lanzaron una serie de devastadoras incursiones en las posesiones imperiales de los Balcanes, llegando hasta Tesalónica —la segunda ciudad del imperio— en busca de botín y saqueo.

Las autoridades imperiales respondieron con una serie de medidas que, a medio plazo, sirvieron para contener la amenaza pecheneg. En particular, mediante una drástica política de «tierra quemada», se estableció un *cordón sanitario* deliberadamente despoblado en el territorio imperial al sur del Danubio para desincentivar las incursiones de los pechenegos, mientras que en determinados puestos de guarnición fronterizos se establecieron mercados fronterizos cuidadosamente regulados para suministrar a los pechenegos los bienes que más desearan.

Sin embargo, una amenaza aún mayor para la integridad de Bizancio surgió a lo largo de su frontera oriental, donde el imperio se enfrentó al nuevo y formidable poder de los turcos selyúcidas. Los turcos, por su parte, eran esencialmente nómadas esteparios y compartían con los pechenegos el mismo alto grado de movilidad a caballo y ferocidad en la batalla. Sin embargo, en el caso de los selyúcidas, estos instintos bélicos se habían visto reforzados por su reciente conversión al Islam. El espíritu marcial tradicional de los nómadas esteparios se puso así al servicio de la *yihad*.

Bajo su líder Togrul y sus sucesores Alp Arslan y Malik Shah, los selyúcidas habían llegado a dominar la corte abbasí, actuando como el poder detrás del trono califal y dirigiendo a sus parientes nómadas turcomanos contra las poblaciones cristianas de Georgia, Armenia y Bizancio. La guerra árabe-bizantina, como hemos visto, se había desarrollado hasta entonces sobre la base de campañas organizadas, libradas por ejércitos de estructura similar durante una temporada de campaña claramente identificable. Los turcomanos dirigidos por los selyúcidas, sin embargo, operaban en grupos más pequeños y altamente móviles, capaces de burlar las defensas imperiales y superar en maniobras a las unidades de tropas bizantinas. Al carecer de una base central o de una estructura de mando claramente articulada para que los bizantinos atacaran, contener la amenaza turcomana en la frontera oriental era más bien como intentar retener mercurio líquido: era un ejercicio tan inútil como peligroso.

En 1071, el emperador Romano IV Diogenes lanzó una ofensiva oriental que le enfrentó directamente al sultán selyúcida Alp Arslan. En la batalla de Manzikert, el emperador fue derrotado y capturado, lo que condujo a una guerra civil en Bizancio que permitió a los turcos y turcomanos avanzar profundamente en Anatolia y Asia Menor, donde los ejércitos temáticos, ahora en gran parte vestigiales, ya no eran aptos para su propósito. En sólo veinte años, los turcos se habían establecido en la costa occidental de Asia Menor y empezaban a asentarse. La región económicamente más desarrollada del imperio, donde mejor se habían conservado las sofisticadas infraestructuras de la Antigüedad, se había convertido en una zona de guerra.

Sin embargo, cuanto más se asentaban los turcos, más factible resultaba para el imperio contraatacarles, y ya en la década de 1080 el ejército bizantino empezó a infligir derrotas localizadas a los turcos. Sin embargo, un problema importante al que se enfrentaban las autoridades bizantinas era que el ejército imperial parecía carecer de la experiencia en tecnología de asedio necesaria para liquidar fortalezas enemigas como Nicea en el oeste o Antioquía en el este. Sin el control de tales ciudades, sería imposible para los bizantinos convertir tales victorias en guerras de reconquista territorial.

El reinado de Alejo I Comneno, que, como ya se ha dicho, ocupó el trono en 1081, supuso una especie de solución a esta situación. Los avances selyúcidas y turcomanos en Anatolia y Asia Menor habían provocado la afluencia a la capital imperial de miembros de la aristocracia militar bizantina que habían perdido sus propiedades a manos del enemigo y, por tanto, estaban amargados contra las autoridades imperiales. El emperador trató de obtener su apoyo concediendo a los miembros de la aristocracia amplios derechos sobre las comunidades de contribuyentes, hasta entonces libres, a los que se permitía exigir tributos y servicios laborales en lo que efectivamente equivalía a una «revolución feudal» dentro de Bizancio, completando el proceso de intensificación del control aristocrático que había suscitado tanta preocupación imperial en sus primeras fases en el siglo x.

Sin embargo, Alejo deseaba limitar su dependencia política y militar de la aristocracia. Como resultado, cada vez recurre más a miembros de su propia familia para ocupar cargos gubernamentales y, sobre todo, a mercenarios y caballeros extranjeros, en su mayoría occidentales, para complementar la guardia imperial.

A principios del siglo XI, como hemos visto, Bizancio había restablecido su posición como potencia dominante en la Cristiandad. El consiguiente prestigio y riqueza del emperador bizantino había llevado a muchos miembros de familias de caballeros occidentales, y especialmente franceses, ávidos de aventuras, a entrar al servicio imperial alistándose en la guardia imperial. A Alejo le interesaba fomentar este desarrollo, e incluso contrató a caballeros normandos a su servicio, a pesar del papel desempeñado por los normandos a mediados del siglo XI en el debilitamiento de la posición bizantina en Sicilia, el sur de Italia y el Adriático. Estos caballeros poseían precisamente la experiencia en la guerra de asedio que el imperio más necesitaba.

En consecuencia, en 1095, Alejo se dirigió al Papa Urbano II para que hiciera un llamamiento al Occidente latino en busca de ayuda militar, a raíz de lo cual el Papa hizo un llamamiento a las armas, declarando una Cruzada contra los infieles musulmanes para liberar a los cristianos de Oriente y restaurar el control cristiano sobre Tierra Santa. En los dos años siguientes, unos 60 000 occidentales se dirigieron a Constantinopla para apoyar la causa del Imperio.

Las primeras bandas de cruzados que llegaron parecían estar formadas principalmente por campesinos y otras tropas relativamente mal equipadas que el emperador envió rápidamente a Asia Menor, donde pronto tuvieron un final espantoso. Sin embargo, a medida que llegaban los contingentes de caballeros cruzados, más disciplinados y experimentados, las autoridades imperiales tuvieron cuidado de dirigirlos a las ciudades de Asia Menor y Siria que más necesitaban arrebatar de manos enemigas.

En 1097 cayó la base selyúcida de Nicea, y el ejército cruzado emprendió la marcha hacia Antioquía.

Sin embargo, el intento inicial contra esta ciudad fracasó. Como resultado, siguiendo el consejo de los propios líderes de la Cruzada, Alejo ordenó la retirada del ejército imperial. La posterior caída de la ciudad en manos del aventurero normando Bohemundo sirvió para agriar las relaciones entre los cruzados y el gobierno imperial cuando Bohemundo se negó a ceder el territorio.

Sin embargo, el punto de ruptura en las relaciones entre Alejo y los líderes cruzados se produjo cuando éstos decidieron avanzar hacia Jerusalén y esperaban que Alejo marchara con ellos. El emperador nunca iba a hacerlo. Mientras que Jerusalén se había convertido en el principal foco de devoción y peregrinación de la Iglesia occidental, en Bizancio, como hemos visto, la ciudad de Constantinopla se había reimaginado como una especie de Nueva Jerusalén, descentrando así el prototipo.

En consecuencia, las autoridades imperiales no pudieron compartir el entusiasmo de los occidentales por marchar hacia la ciudad santa. Además, como ya se ha señalado, incluso en el apogeo de la expansión imperial a principios del siglo XI, el gobierno imperial había tenido cuidado de no atacar Jerusalén (que también era sagrada para los musulmanes) o Bagdad, por temor a desencadenar una *yihad* concertada. Los líderes cruzados, por el contrario, eran ajenos a este peligro e interpretaron la reticencia de Alejo como una traición. Por ello, cuando en 1098 cayó Jerusalén, se convirtió (al igual que Antioquía) en la sede de un reino latino independiente bajo el control de los cruzados.

El diferente carácter de la piedad cristiana oriental y occidental, tal y como había surgido a lo largo de la Alta Edad Media, dio lugar a malentendidos y recriminaciones. Hasta cierto punto, la solución de Alejo a la amenaza selyúcida había resultado contraproducente (aunque, desde el punto de vista imperial, seguía siendo mejor tener a los cruzados bajo el control de Antioquía que a los musulmanes).

Sin embargo, es importante tener en cuenta que Alejo y sus sucesores nunca renunciaron por completo a la idea de que la piedad, la ambición y el espíritu marcial del Occidente latino podían ponerse al servicio de los objetivos del imperio. Así, se hicieron repetidos esfuerzos por manipular las ambiciones territoriales de los emperadores alemanes para contener la presencia normanda en Italia, mientras Bizancio recurría cada vez más a las ciudades-estado mercantiles italianas como Venecia o Amalfi (nominalmente vasallas y súbditas del emperador) para reforzar su armada.

Esto llevó a Alejo y a sus sucesores comnenios a conceder a los italianos importantes derechos comerciales en la capital imperial, incluida la exención de impuestos y el establecimiento de colonias de mercaderes en el Cuerno de Oro. Esto conduciría a un espectacular aumento del número de occidentales residentes en la capital imperial, así como a un creciente dominio italiano de los sectores mercantil y comercial de la economía del imperio.

La continua y activa participación de comerciantes, caballeros y aventureros latinos en los asuntos imperiales iba a tener una importancia duradera. Los emperadores germanos, los cruzados y los mercaderes italianos se vieron implicados en la política interna del imperio, lo que provocó un creciente resentimiento contra ellos por parte de los gobernantes bizantinos y los habitantes de la capital imperial.

En particular, los cruzados y los representantes de las ciudades-estado italianas se vieron cada vez más envueltos en las disputas entre facciones que asediaron a la familia Comnenoi a finales del siglo XII, y en la usurpación y posterior serie de luchas por el trono resultantes de la deposición de los Comnenoi por los Angeloi en 1185.

Este acercamiento de Occidente a la política de facciones de la corte bizantina culminaría en 1204, cuando la Cuarta Cruzada (inicialmente dirigida contra Egipto) se desvió hacia Constantinopla, donde el hijo del emperador depuesto Isaac II Angelos prometió a sus líderes enormes sumas de dinero a cambio de que le ayudaran a acceder al trono. Sin embargo, cuando el emperador Alejo V, debidamente elevado al trono, no pudo pagarles, los cruzados saquearon la ciudad en medio de una orgía de violencia y establecieron su propio régimen bajo el liderazgo del conde Balduino de Flandes. Fue un golpe devastador.

6

TEXTO, IMAGEN, ESPACIO Y ESPÍRITU

Cultura y conservadurismo

La ideología imperial bizantina, como hemos visto, se basaba en el concepto de la continuidad histórica absoluta del Estado romano y la rígida inmutabilidad de la pretensión del emperador a la autoridad sobre todo el territorio romano. La disparidad entre la tensa fortuna militar del imperio a lo largo de gran parte de su historia medieval, en comparación con su pasado tardoantiguo, a menudo confería a las obras de arte patrocinadas por el imperio y a los actos de mecenazgo cultural una cualidad fuertemente conservadora y atávica.

Los emperadores del periodo iconoclasta (especialmente Constantino V), por ejemplo, intentaron reconectar con la época de Constantino el Grande, sustituyendo las imágenes religiosas de las iglesias por el símbolo de la Cruz que se le había aparecido a Constantino antes de su victoria en la batalla del Puente Milvio en 312. Del mismo modo, como hemos visto, los emperadores de la dinastía macedonia habían intentado volver a conectar con la época de Justiniano en un esfuerzo por borrar la memoria del reciente pasado iconoclasta. Como resultado, la «renovación» (*kainourgia*) y la «limpieza» (*anakatharsis*) fueron lemas imperiales: No así la «innovación».

Este impulso ideológico profundamente conservador informaba una tendencia más amplia hacia el conservadurismo en la cultura literaria bizantina, que era un legado de la Antigüedad. Los bizantinos cultos heredaron del Imperio Romano de la época de la «Segunda Sofística» (un movimiento de florecimiento literario que tuvo lugar en el oriente de habla griega cuando estaba sometido inicialmente al dominio romano) la creencia de que toda la alta literatura de tipo no instructivo y no devocional debía escribirse en ático (es decir, el griego de la Atenas clásica, tal y como lo conservaron y estudiaron los eruditos de la Segunda Sofística).

Así, en el siglo VI, el historiador contemporáneo Procopio había modelado en gran medida su estilo en prosa y su vocabulario sobre el del historiador ateniense Tucídides, cuya *Historia de la Guerra del Peloponeso había* sido escrita más de mil años antes. Esta adopción del «estilo elevado» no sólo obligó a Procopio a manejar formas gramaticales que ya no eran corrientes en el griego hablado, sino también a tratar de evitar los neologismos. Las palabras que no formaban parte del vocabulario clásico heredado no podían utilizarse en la literatura cortés. Por el contrario, la terminología antigua debía ampliarse para abarcar los desarrollos contemporáneos.

Así, por ejemplo, al describir Santa Sofía, Procopio no pudo calificarla de *ekklesia* ('iglesia'), ya que en ático ese término significaba asamblea. En su lugar, adoptó la palabra *naos,* que en realidad significaba «templo», pero que los *dictados* del «alto estilo» consideraban más aceptable.

Así pues, hasta el final del Imperio bizantino y mucho después, los autores griegos que aspiraban a escribir *belles-lettres* se vieron obligados a hacerlo en un registro lingüístico osificado y sobre la base de modelos literarios en gran medida estáticos, derivados en última instancia de Atenas hacia el siglo V a. C. Esto tenía la ventaja de que los autores griegos antiguos que los maestros y copistas bizantinos consideraban modelos del buen estilo ático, o a los que los atenienses habían llegado a tener en alta estima, se preservarían para la posteridad. Estos textos escolares del Imperio bizantino se convirtieron literalmente en los «clásicos» griegos, tal y como se transmitieron a los humanistas del Renacimiento y del Occidente moderno. Sin esta dimensión retrospectiva de la cultura literaria bizantina, las obras de Aristóteles, Platón, Heródoto, Tucídides, Esquilo y Sófocles se habrían perdido (o, en el caso de Aristóteles, sólo habrían sobrevivido parcialmente traducidas).

El precio cultural de esto para el propio Bizancio fue que la alta cultura literaria bizantina constituyó de hecho lo que se ha descrito como una «literatura de exhibición», en la que los autores normalmente trataban de despojar a sus composiciones de cualquier cosa que les diera color local, personalidad o novedad. El arte de un autor se demostraba sobre todo por su conformidad con un lenguaje y unos modelos literarios que resultaban casi completamente irrelevantes e incomprensibles para quienes no pertenecían a la cultura de la *belle-lettriste* (por lo que a menudo resultaba casi imposible datar obras anónimas).

Esto significaba necesariamente que el número de lectores, incluso para las mejores composiciones, era muy limitado. En la época de Justiniano, la educación necesaria para comprender el ático se exigía para acceder al gobierno imperial, y a ella aspiraban los miembros de la élite local de todas las ciudades del imperio. De hecho, Procopio nos cuenta que su *Historia de las guerras* se leía en todos los rincones del mundo romano.

Llama la atención, sin embargo, que casi todas las obras de historia escritas en griego en «estilo elevado» en la Antigüedad tardía parecen haber sido redactadas en Constantinopla, lo que implica que era en la capital imperial donde realmente se encontraba el grueso de lectores suficientemente cultos (y de público para la declamación de tales textos). Sin embargo, la destrucción urbana provocada por las guerras persas primero y árabes después, en los siglos VII y VIII, provocó una masiva dislocación cultural. Con la destrucción de muchas de las ciudades del imperio, y el dramático marchitamiento de las que sobrevivieron, gran parte de la antigua infraestructura educativa fue barrida. Los *centros* provinciales de reproducción de la cultura de élite tradicional desaparecieron. Como consecuencia, desapareció gran parte de los lectores provinciales de textos escritos en «estilo elevado».

Sólo en Constantinopla es probable que se mantuviera una educación literaria tradicional a lo largo de las vicisitudes del periodo, pero incluso allí la infraestructura educativa era muy limitada y estaba sujeta a las cambiantes prioridades de los diferentes regímenes, lo que significa que el número de lectores capaces de apreciar realmente la literatura aticista de los siglos X y XI probablemente ascendía a sólo unos pocos cientos en cualquier generación.

El renacimiento urbano de la época comneniana puede haber sido testigo del crecimiento de un público más amplio y burgués. No obstante, aún se ha sugerido que, en el siglo XIII, el historiador Nicetas Choniates (que escribió un conmovedor relato de la caída de Constantinopla a manos de la Cuarta Cruzada) podría haber conocido a todos sus lectores por su nombre.

La cultura literaria bizantina también heredó de la Segunda Sofística un gran interés por los textos retóricos, como los que habían constituido la base de las etapas superiores de la educación secundaria en el Imperio Romano. La predilección por este tipo de obras, con sus elaboradas reglas y convenciones fijas sobre cómo se debía elogiar a los individuos, describir los edificios y alabar las ciudades, sirvió para distanciar aún más los textos clasicistas de las realidades bizantinas.

Se ha señalado que la literatura bizantina tenía algo del carácter de un «espejo deformante», que presentaba una visión aticista de un mundo profundamente anticlásico. Sin embargo, a diferencia de la atracción de feria de la que procede el símil, el objetivo primordial era mostrar refinamiento intelectual.

«Miel de los labios de una ramera»

La influencia de la Iglesia intensificó aún más el carácter fuertemente conservador de la cultura bizantina. Como los críticos paganos del cristianismo se complacían en señalar, los textos fundamentales del Nuevo Testamento cristiano no se habían escrito en el «estilo elevado» propio de los pensamientos nobles y elevados. Por el contrario, se habían escrito en el griego común (*koiné*) que se había convertido en la *lengua franca* del Próximo Oriente durante el periodo helenístico. En consecuencia, siempre habría un elemento dentro de la Iglesia que consideraba irrelevante el «saber griego»: todo lo que el cristiano piadoso necesitaba era su Biblia.

Así, por ejemplo, en el siglo VI, un historiador de Antioquía llamado Juan Malalas escribió una historia que abarcaba desde la Creación hasta nuestros días y que apenas mostraba interés por la historia de Grecia y Roma, salvo en la medida en que coincidía con la historia bíblica o revelaba el plan de Dios para la humanidad. Además, estaba escrito en un estilo sencillo, mucho más cercano al griego hablado de la época, y se estructuraba sobre la base de alusiones literarias de naturaleza totalmente bíblica. Asimismo, el excéntrico comerciante alejandrino Cosmas, contemporáneo cercano de Malalas, escribió una «Topografía cristiana», llena de detalles confusos sobre la flora y la fauna de regiones lejanas, que pretendía revelar que la estructura del mundo físico se ajustaba al diseño del tabernáculo bíblico.

El mensaje de ambos autores era claro: sólo el «aprendizaje bíblico» era el verdadero aprendizaje. Malalas y Cosmas tuvieron su equivalente pagano en el emperador Juliano (361-3), que había decidido, durante sus estudios literarios, que el helenismo intelectual y el cristianismo eran incompatibles en última instancia. Puestos a elegir entre «el Nazareno» (como llamaba a Cristo) y Homero, Juliano eligió a Homero.

Sin embargo, las condiciones políticas y culturales obligaron a marginar progresivamente a personajes como Malalas y Cosmas. A finales de la Antigüedad, la conciencia de una alta cultura común arraigada en el estudio de Homero, Tucídides, Heródoto y el resto del canon griego, y la unidad lingüística asociada a la aspiración común al estilo ático, habían servido para unir a la élite de habla griega de los miembros de las provincias orientales de Roma y se habían convertido en elementos centrales de su identidad. Si la Iglesia constantiniana y postconstantiniana quería integrarse e institucionalizarse plenamente (como deseaban muchos de sus líderes), tendría que reconciliarse con la alta cultura griega en general, y con la literatura griega en particular.

Así, en el siglo IV, San Basilio de Cesarea escribió un tratado en el que justificaba que los cristianos siguieran una educación literaria y retórica tradicional, que proporcionaba a la mente joven la preparación necesaria para aceptar las verdades superiores. Aunque algunos críticos consideraban el aprendizaje griego como la proverbial «miel que corre de los labios de una ramera», el énfasis en el estilo y la estructura retórica permitió a los cristianos destripar la literatura clásica de sus contenidos y temas paganos (que, en cualquier caso, podían entenderse en un sentido cristiano alegóricamente, con Hércules, por ejemplo, representando al David bíblico).

En su lugar, los asistentes a los concilios eclesiásticos utilizaron las estructuras analíticas de la filosofía especulativa griega para debatir la teología trinitaria y cristológica, mientras que los grandes eclesiásticos de los siglos IV y V, como Juan Crisóstomo, pronunciaban sermones que eran ejemplos perfectamente elaborados de la retórica antigua. Los Padres de la Iglesia reforzaron así la autoridad del «estilo elevado», al tiempo que establecían la *koiné* de la Biblia griega como un registro lingüístico independiente más adecuado para la comunicación con la masa de fieles.

Asimismo, en la literatura profana de tipo más instructivo, se consideraba apropiado un registro más demótico. Así, en el siglo X, el emperador Constantino VII declaraba en el prefacio de su tratado *De Administrando Imperio*: «No he querido hacer alarde de una fina escritura ni de un estilo aticista, hinchado de lo sublime y lo elevado, sino que he querido enseñaros, por medio de la narración cotidiana y conversacional, aquellas cosas que no debéis ignorar». La apreciación de estos múltiples registros es la clave para comprender la literatura griega medieval.

La Iglesia bizantina sirvió así, en última instancia, para apuntalar la alta cultura literaria del imperio, muy conservadora. Al mismo tiempo, sin embargo, la reformó. Las homilías y escritos de los Padres de la Iglesia, como Crisóstomo o Gregorio Nacianceno, se convirtieron en una importante adición al canon literario. Además, la supervivencia institucional de la Iglesia durante la crisis del siglo VII en Bizancio hizo que los scriptoria eclesiásticos (y, en concreto, monásticos) desempeñaran quizá el papel más importante en la transmisión de textos literarios del mundo tardoantiguo del siglo VI al mundo medieval del siglo VIII.

Este proceso de transmisión se vio facilitado en gran medida por el desarrollo en la época de una escritura «minúscula», que permitía copiar los textos del papiro (principal soporte de escritura en la Antigüedad) al pergamino (al que tuvo que recurrir el imperio una vez que los árabes empezaron a cortar el suministro de papiro desde Egipto) a mayor velocidad. La escritura cursiva, más pequeña, permitía a los escribas escribir más palabras por página, lo que reducía el coste de las copias.

La centralidad de la scriptoria eclesiástica en la transmisión textual tendría importantes consecuencias para el futuro desarrollo de la cultura intelectual bizantina, ya que significaba que una gran cantidad de literatura secular que las autoridades eclesiásticas desaprobaban podía ser cuidadosamente dejada de lado. Del mismo modo, el hecho de que no sepamos casi nada de lo que escribieron o predicaron realmente «herejes» de la Antigüedad tardía como Arrio o Nestorio, salvo lo que afirmaron sus oponentes, es probablemente menos indicativo de la eficacia de la autocracia romana tardía que de la autocensura teológica de la scriptoria bizantina.

Con la destrucción de gran parte del paisaje cívico del antiguo imperio y la casi desaparición de las tradiciones precristianas de educación laica, la Iglesia se había convertido en la fuerza dominante de la cultura literaria bizantina, y gran parte de los lectores y del público de los textos literarios de todo tipo que habían resurgido a finales del siglo VIII eran principalmente de carácter monástico, con gustos e intereses que estaban destinados a marginar lo laico o lo no convencional.

Hubo, inevitablemente, excepciones: los historiadores tienen la suerte, por ejemplo, de que el emperador pagano Juliano fuera considerado un estilista ático lo suficientemente fino como para que sus escritos virulentamente anticristianos fueran cuidadosamente conservados por generaciones de escribas bizantinos.

Sin embargo, incluso incluyendo las supervivencias clásicas, como resultado del dominio eclesiástico de los modos de transmisión textual, la biblioteca bizantina medieval sería un asunto abrumadoramente eclesiástico y cristiano. Es un hecho sorprendente que casi el 90 % de todos los manuscritos bizantinos existentes identificados como originarios del periodo comprendido entre los siglos IX y XI sean de carácter religioso.

Esto repercutió incluso en las colecciones privadas (y, presumiblemente, en los horizontes mentales) de los literatos del mundo, como el general del siglo XI Cecaumeno. El análisis sugiere que su biblioteca privada (gran parte de la cual pudo haber heredado) comprendía diez textos bíblicos, treinta y tres obras litúrgicas, doce monásticas, tres obras de espiritualidad monástica, un ejemplo de *apócrifos*, cuatro relatos de vidas de santos, dos misceláneas cristianas, tres obras de derecho eclesiástico y diez volúmenes de literatura «profana», entre ellos una gramática, una obra jurídica, un par de crónicas, una guía de los sueños y cinco composiciones literarias antiguas o de la Antigüedad tardía.

Como hemos visto, Bizancio desempeñó un papel vital en la transmisión y supervivencia de los textos fundamentales del canon literario griego antiguo. Sin embargo, como consecuencia de los cambios en la sensibilidad religiosa y de la dislocación cultural y la destrucción física causadas por las guerras y las luchas cívicas, gran parte de los escritos literarios, filosóficos y científicos tampoco se transmitieron.

En 476, por ejemplo, la gran biblioteca pública de Constantinopla, construida por Constancio II para albergar textos profanos, se incendió con la pérdida de 120 000 volúmenes (probablemente, rollos de papiro). En el siglo IX, el patriarca de Constantinopla y humanista Focio redactó una serie de notas y comentarios en los que detallaba sus lecturas. Estas notas (conocidas como la *Bibliotheca*) comprenden 280 volúmenes que detallan 386 obras leídas, de las cuales 233 eran cristianas y 147 profanas o paganas. En la actualidad, algo más de la mitad de estas obras se han perdido por completo o sólo se conservan de forma fragmentaria. Es probable que los daños causados en Constantinopla por la Cuarta Cruzada (así como la conquista otomana final de la ciudad) también provocaran la pérdida de muchos textos.

Imágenes e imaginación

Además, la influencia cultural conservadora de la Iglesia no se limitaba a la cultura literaria. El debate sobre los iconos en los siglos VIII y IX había llevado a algunos defensores del partido pro-icono (o iconódulo) a recurrir a un argumento que, en última instancia, tenía sus raíces en la filosofía griega de la variedad platónica tardía, a saber, que las imágenes representadas en los iconos eran una representación exacta del prototipo (Cristo, María o el propio santo) y, por tanto, que la reverencia mostrada a la imagen era reverencia al prototipo y no veneración de la imagen (y, por tanto, no era idolátrica).

En la Antigüedad tardía, las imágenes de santos individuales habían llegado a desarrollar características identificables clave que, más allá de la adscripción escrita, permitían al fiel identificar con precisión qué figura santa o santa estaba representada en la imagen en cuestión: de ahí el modo de vestir instantáneamente reconocible de la Virgen María. Sobre todo en la época posiconoclasta, esto limitaba necesariamente el margen de maniobra del artista o artesano. Mientras que, por un lado, la lógica del argumento de que el icono representaba una imagen real debería haber constituido un incentivo para un mayor naturalismo en el arte religioso, en la práctica, el énfasis en los rasgos reconocibles estándar permitió un alto grado de «taquigrafía» visual, de tal manera que cualquier imagen de un anciano con el pelo blanco rizado y la nariz aguileña podía suponerse con bastante confianza que se trataba de San Pedro.

Además, el énfasis en la relación entre la imagen y el prototipo «real» hizo que la Iglesia desarrollara una gran hostilidad hacia la representación visual (o incluso la descripción literaria) de cosas o seres que no eran «reales», como las bestias mitológicas heredadas de la antigüedad o soñadas por el artista o el autor en cuestión. La Iglesia no se sentía cómoda en el reino de la imaginación, y la apertura a lo fantástico se interpretaba como una invitación a lo demoníaco.

Esto, a su vez, parece haber provocado un interesante cambio en las actitudes de los profanos hacia las imágenes de esfinges, grifos y otros personajes híbridos derivados del mundo de la mitología clásica: Mientras que el espectador (culto) de la Antigüedad tardía podía comprender sus orígenes literarios y sus cualidades alusivas, se ha sugerido que los observadores bizantinos medievales del repertorio visual heredado consideraban cada vez más que tales imágenes poseían una cualidad mágica o talismánica, por lo que se las encuentra representadas en amuletos o pintadas en cuencos, ya no como un signo de gusto anticuario, sino más bien para aprovechar su poder mágico.

Necesidad e innovación

Sin embargo, es vital apreciar que, independientemente de una fachada de continuidad, el contexto cultural objetivo en el que Bizancio operó a lo largo de los siglos generó inevitablemente nuevas formas culturales y actuó como un acicate para una creatividad mucho mayor de lo que a menudo se ha supuesto. A pesar de la influencia del «alto estilo» en el mundo de *las bellas letras*, esto fue cierto incluso con respecto a la literatura bizantina.

En la Antigüedad tardía, por ejemplo, el auge de la Iglesia y el desarrollo del cristianismo propiciaron la aparición de nuevas formas de literatura que pasarían a desempeñar un papel importante en el canon literario, más allá de las homilías ya mencionadas. Entre ellas destaca la hagiografía, o relato de la vida de los santos cristianos, escrita inicialmente en un estilo sencillo (aunque en la época macedónica se hizo un esfuerzo concertado por elevar el registro lingüístico de tales textos).

La primera vida de un santo fue la de San Antonio, ermitaño egipcio del siglo III y padre del monacato, escrita en griego hacia 360 por Atanasio, patriarca de Alejandría. Aunque se inspiraba en las tradiciones de la biografía profana, este texto, con sus vívidos relatos de la lucha de Antonio con el diablo, se prestó a la fascinación de la Antigüedad tardía por la demonología, y pronto fue traducido y emulado por diversos autores, como Marcos el Diácono en el siglo V, o el monje Jorge, que en el siglo VII compuso una vida de su contemporáneo San Teodoro de Sykeon, que contiene vívidas escenas derivadas del mundo de las relaciones sociales rurales.

Asimismo, el auge de la Iglesia propició nuevos enfoques de la escritura de la historia, personificados en la «crónica mundial» cristiana escrita por Juan Malalas, que, como ya se ha señalado, pretendía trazar la historia de la humanidad desde la Creación hasta nuestros días, anticipándose al Juicio Divino y a los Últimos Días. Con su visión teleológica de la historia y su marginación del pasado grecorromano, el planteamiento de Malalas se oponía radicalmente al de su contemporáneo Procopio, cuya *Historia de las guerras* no adopta una línea expresamente cristiana en nada, y cuya visión del pasado se basaba en las glorias de Grecia y Roma.

Estos dos autores revelan la existencia de una temprana «guerra cultural» bizantina, que sólo empezaría a resolverse con la aparición gradual de formas de historia clasicista más expresamente cristianas a finales del siglo VI (como la escrita por Agatías, que continuó la tarea de Procopio al trazar la historia de las campañas de Justiniano). El desarrollo litúrgico de la Iglesia también contribuyó a generar nuevas formas literarias. Así, en la Constantinopla del siglo VI, el cantor de la Gran Iglesia Romanos («el Melode») escribió himnos en griego en formas de verso derivadas de la lengua semítica cristiana del siríaco. Se trataba de una innovación literaria nacida de encuentros culturales propios de la Antigüedad tardía.

El mundo de la literatura profana también experimentó interesantes procesos de cambio en esta época. Mientras que quienes escribían historia en el «estilo elevado» a lo largo de los siglos VI y VII seguían aspirando a escribir en ático (y en el caso de Procopio lo hacían con notable genialidad), se asiste a una mezcla cada vez más atrevida y creativa de formas literarias.

Así, aunque en su *Historia de las guerras,* Procopio se basó en gran medida en Tucídides para su vocabulario, también tomó prestadas estructuras narrativas del relato de Arriano sobre las campañas de Alejandro, e incrustó su análisis del régimen de Justiniano en una compleja red de alusiones literarias. En su escabrosa *Historia secreta, además,* Procopio recurrió a las estructuras narrativas derivadas del mundo de la novela griega y al vocabulario de la comedia, a la vez que invertía la forma retórica codificada del panegírico o encomio (un discurso o composición que elogia a una persona) para componer un ataque asombrosamente original contra Justiniano, Teodora y su entorno.

Una recombinación similar de géneros literarios queda patente en el siglo VII en la *Historia* compuesta por Teofilacto Simocata. Aunque se trata de una historia en prosa de estilo elevado, la estructura narrativa de esta obra deriva del mundo de la tragedia griega, con el emperador Mauricio asesinado como héroe trágico. La *Historia* se abre con un diálogo entre las Musas de la Historia y de la Filosofía, que un purista habría encontrado aún más desorientador. El historiador de la corte Jorge de Pisidia, contemporáneo de Teofilacto, compuso una historia de las guerras persas de Heraclio (que sólo se conserva de forma fragmentaria) en la que el relato en prosa de las campañas del emperador se intercala con discursos pronunciados en verso. Todo indica que se trata de una época de gran creatividad literaria, que primero se detuvo y luego fue barrida por la destrucción urbana y la dislocación cultural del siglo VII.

En lugares y momentos en los que la mano muerta de la cultura aticista *belles-lettrista* estaba en su punto más débil, la literatura bizantina medieval también fue capaz de desarrollarse en direcciones novedosas. Como ya hemos visto con respecto a la tradición del poema *Digenis*, las condiciones militares y sociales de la frontera oriental de Bizancio en torno al siglo x condujeron a la aparición espontánea de una tradición de poesía heroica que se iría refinando gradualmente en los siglos xi y xii, mientras que el encuentro cultural entre las élites griegas y latinas a raíz de la Cuarta Cruzada llevaría a la composición en griego de relatos basados en romances caballerescos vernáculos occidentales.

En aquellas partes del mundo bizantino (como la Morea en Grecia o la isla de Chipre) que permanecerían bajo dominio latino, la redacción de crónicas históricas también se desarrollaría de manera muy distinta. Los contextos sociales cambiantes condujeron necesariamente a la aparición de nuevas formas literarias.

Sin embargo, la relación entre innovación y necesidad es más clara en el desarrollo arquitectónico y artístico bizantino. Como se vio en el capítulo 2 en relación con Constantinopla, los emperadores posteriores a Justiniano no disponían realmente de los recursos económicos necesarios para construir a la misma escala que los emperadores de la Antigüedad tardía. Así pues, los encargos arquitectónicos imperiales y aristocráticos de los siglos viii, ix y x tuvieron que ser a menor escala y, curiosamente, en lo que respecta a la arquitectura eclesiástica, se construyeron según principios arquitectónicos diferentes.

Estas nuevas iglesias solían adoptar la forma de «cruz cuadrada» (una cúpula sobre cuatro bóvedas de cañón formando una cruz griega, dentro de un cuadrado sostenido internamente por cuatro columnas o cuatro conjuntos de pilares). En los ejemplos más grandes de este tipo, podían colocarse cúpulas subsidiarias en cada uno de los cuatro brazos de la cruz alrededor de la cúpula central.

Se ha sugerido que este diseño se originó probablemente para satisfacer las necesidades de pequeñas comunidades monásticas (tal vez en Bitinia, cerca de Constantinopla, donde se produjo una expansión del monacato en el siglo VIII), pero pronto se adoptó de forma más general, ya que se adaptaba mejor a las necesidades de las reducidas congregaciones de principios de la Edad Media que la basílica con cúpula en cruz de la época justinianea, que podía albergar a multitudes mayores. Fue una medida pragmática de reducción que, sin embargo, tendría implicaciones para el futuro desarrollo de las formas ortodoxas de devoción.

Hay que tener en cuenta que la difusión de la nueva forma de arquitectura eclesiástica bizantina coincidió también con la lucha en torno a las imágenes dentro de la Iglesia bizantina y, como resultado, los desarrollos arquitectónicos y artísticos pronto adquirirían una importante sinergia. Los emperadores de la época iconoclasta, como hemos visto, tendían a decorar las iglesias con cruces, o con escenas y motivos de flora y fauna que pretendían evocar los estilizados mosaicos de las grandes iglesias basílicas de la época constantiniana. Estos estilos fueron copiados por miembros de la aristocracia provincial y están atestiguados, por ejemplo, en las iglesias construidas por miembros de la élite de magnates militares en Capadocia. Las imágenes de Cristo, María y los santos se evitaban (aunque más tarde se añadirían).

Sin embargo, en las grandes fundaciones imperiales de la Antigüedad tardía, estas imágenes nunca habían desempeñado un papel central: los espacios interiores de estos lugares de culto eran tan amplios que a las autoridades imperiales les resultaba mucho más fácil, rápido y barato cubrir las paredes de estas fundaciones con mosaicos estampados (esto era especialmente cierto en Santa Sofía, que, como hemos visto, se construyó deprisa).

Sin embargo, la disputa iconoclasta había convertido las imágenes en un gran problema. Como resultado, tras la victoria del partido iconódulo en 843, las imágenes se reintrodujeron en las iglesias bizantinas a una escala mucho mayor que antes. Una vez más, bajo una retórica de restauración, se producía una auténtica innovación. En 867, por ejemplo, el patriarca Focio descubrió un enorme (y exquisito) mosaico de la Virgen con el Niño en el ábside oriental de Santa Sofía (véase la figura 6). En su homilía con motivo de la inauguración, Focio describió el acontecimiento como un acto de restauración. De hecho, nunca antes se había colocado allí una imagen semejante. El papel, el significado y la visibilidad de la imagen sagrada habían aumentado de forma espectacular.

Figura 6. Representación en mosaico de la Virgen con el Niño en el ábside de Santa Sofía, inaugurada por el patriarca Focio en 867. Wikipedia. Dominio público

En Santa Sofía, la introducción de la imagen de la Virgen en mosaico tuvo un efecto sorprendente. Pero permaneció, hasta cierto punto, oculta en medio de la estructura general. Sin embargo, en las iglesias bizantinas más pequeñas de principios de la Edad Media, la adopción de una decoración cada vez más rica en iconos sirvió para transformar la base psicológica y emotiva del culto ortodoxo, ya que el reducido espacio interior de las iglesias y la mayor proximidad entre el espectador y la imagen permitían que el santo y el fiel entablaran una relación mucho más personal y directa. Y lo que es más importante, la decoración en forma de mosaico figurativo también se hizo mucho más viable económicamente, ya que había que cubrir menos superficie. En consecuencia, esta decoración se convirtió en la gran gloria de la Iglesia bizantina.

Al mismo tiempo, el esquema de las imágenes dentro de estos lugares de culto se estandarizó cada vez más (aunque nunca fue uniforme). La mayor parte de las veces, la cúpula central se reservaba a la imagen de Cristo «Pantokrator» («Gobernante de todo»), a veces acompañado de santos y querubines. En descenso jerárquico, la semicúpula del ábside solía estar destinada a la Virgen María, a menudo en compañía de los arcángeles Miguel y Gabriel. Debajo de Cristo se veían los Apóstoles y los Profetas del Antiguo Testamento; debajo de María, la Comunión de los Apóstoles y los santos «clérigos» (como Juan Crisóstomo). Las pechinas que sostienen la cúpula central se dedicaron a los cuatro Evangelistas, mientras que las bóvedas de cañón se dedicaron a escenas del Nuevo Testamento. Por último, el resto de las superficies murales de la nave solían estar reservadas a grupos de santos «profanos», como los santos soldados Jorge, Demetrio y sus compañeros. En esencia, este esquema se puede seguir utilizando para leer la mayoría de las iglesias bizantinas y ortodoxas hasta nuestros días.

Las artes visuales nunca habían sido abandonadas como tales en la época iconoclasta. Sin embargo, el creciente énfasis en las imágenes y las artes en general a raíz de la iconoclasia planteó ciertos problemas. Los emperadores posticonoclastas de la dinastía macedonia intentaron recuperar las tradiciones artísticas naturalistas y expresivas del periodo justinianeo. Sin embargo, muchos de los conocimientos necesarios para reproducir y emular ese arte se habían perdido en medio de las guerras y la dislocación urbana de los siglos VI y VII. Por ello, hubo que volver a aprenderlas gradualmente copiando cuidadosamente los restos de la Antigüedad tardía.

Fue un proceso lento y minucioso, y podría decirse que sólo en los siglos XI y XII se alcanzó finalmente el resultado deseado, antes de evolucionar en nuevas direcciones en los siglos XIII y XIV (véase la figura 7). Por otra parte, el gran contexto público en el que había existido el arte tardoantiguo también había desaparecido en gran medida con la destrucción de la ciudad en su forma antigua. En consecuencia, las imágenes y formas que se habían originado en el ámbito del arte público tardoantiguo (como las escenas representadas en frisos y columnas monumentales) se trasladaron a contextos más domésticos y privados: sobre todo las iluminaciones de manuscritos, los marfiles y los esmaltes.

Llama la atención, por ejemplo, que mientras que las ciudades de la Antigüedad tardía estaban repletas de estatuas de dignatarios civiles, emperadores y otros, de gran tamaño y aspecto natural, en el Bizancio medieval la tradición de hacer estatuas de este tipo parece haber desaparecido, aunque se nos dice que el emperador Andrónico I (1183-5) planeó erigir una estatua de bronce de sí mismo, lo que indica una especie de proteico renacimiento comneniano de este tipo de escultura.

En consecuencia (como se señala en el capítulo 2), muchas de las estatuas antiguas que seguían adornan-

Figura 7. Representación en mosaico de Cristo de la gran Deisis de la galería sur de Santa Sofía. Wikipedia. Dominio público

do la ciudad de Constantinopla eran consideradas por los espectadores bizantinos medievales con un temor y una inquietud considerables: producto de una época ajena, a menudo se les atribuían poderes mágicos y proféticos, o eran tratadas como la morada de demonios. Estas opiniones eran compartidas incluso por las personas alfabetizadas y cultas, como revela una fascinante guía de los monumentos de Constantinopla del siglo VIII titulada *Parastaseis Syntomoi Chronikai*, cuyo autor adoptó una postura sobrenaturalista con respecto a las estatuas de su entorno. Como ha señalado el gran estudioso de la civilización bizantina Cyril Mango, el hecho de que una palabra estándar del griego bizantino medieval para designar las estatuas (*stoicheion)* acabe significando en griego moderno un fantasma o «un espíritu ligado a un lugar concreto» dice mucho de la opinión que se tenía de ellas en Bizancio.

Librepensadores

La supervivencia y transmisión de textos literarios y filosóficos antiguos, y su estudio continuado (aunque, en algunos momentos, sólo por un número relativamente pequeño de eruditos) significó que las visiones bizantinas del arte, la cultura y la religión nunca fueron monolíticas, y siempre hubo mentes sensibles capaces de apreciar lo antiguo, elegante o peculiar en sus propios términos.

A principios del siglo XIII, por ejemplo, el historiador contemporáneo Nicetas Coniata contempló con horror la destrucción de muchas de las estatuas antiguas de Constantinopla por los caballeros merodeadores de la Cuarta Cruzada, a los que atacó como «odiadores de lo bello». Para Nicetas, estas estatuas no eran objetos a los que temer, sino obras de arte cuya pérdida había que lamentar. Así, escribió que las estatuas de las esfinges (denostadas por la Iglesia) eran «como mujeres hermosas por delante y como bestias horribles por detrás, que se movían a pie de una manera recién inventada y se alzaban ágilmente sobre sus alas, rivalizando con las grandes aves aladas».

También en el siglo XIII, Teodoro II Lascaris (gobernante del «Imperio» bizantino de Nicea, que mantuvo una existencia independiente en Asia Menor occidental durante el periodo de dominación latina en Constantinopla) escribió sobre los antiguos monumentos de Pérgamo en términos que revelan una profunda reverencia por la antigüedad: las torres que rodeaban el antiguo teatro no eran, declaró, «obra de una mano moderna, ni invención de una mente moderna, pues su sola visión nos llena de asombro». Las obras de los muertos son más bellas que las de los vivos».

A lo largo de la historia de Bizancio, esta autonomía intelectual pudo causar problemas a la Iglesia. En los siglos VI y VII, por ejemplo, se cuestionó la práctica de rezar a los santos difuntos alegando que Aristóteles había enseñado que el cuerpo y el alma eran mutuamente dependientes y que, por tanto, uno no podía existir sin el otro.

Asimismo, en el siglo XI, al filósofo medio normando Juan Italo (alumno del que quizá fuera el mayor intelectual bizantino, Miguel Pselo) se le prohibió enseñar y se le confinó en un monasterio por (entre otras cosas) haber intentado aplicar la dialéctica filosófica a la cristología, doctrinas paganas (como las relativas a la eternidad del mundo) a la cosmología, y por haber defendido la realidad de conceptos platónicos como la transmigración de las almas. Hay que señalar que muchos de los simpatizantes de Juan eran eclesiásticos, y que su condena tiene todas las trazas de un juicio político, pero los motivos por los que se le atacó fueron, no obstante, reveladores.

Al final de la Edad Media bizantina, el erudito neoplatónico Jorge Gemistos, que se hizo llamar Plethon (*c.* 1360-1452), defendió en su vejez el culto a una forma revisada del panteón griego, encabezado por Zeus (a pesar de que él mismo participó en las negociaciones teológicas entre el imperio y el papado). La sorprendente ruptura de Plethon con la religión de su nacimiento quizá revele hasta qué punto las tensiones entre cristianismo y helenismo nunca se habían resuelto del todo. Plethon se había sentido obligado a elegir entre ambas religiones y, como el emperador Juliano antes que él, había optado finalmente por el helenismo.

7

FIN DEL IMPERIO

Romanos, francos, griegos y turcos

El saqueo latino de Constantinopla en 1204 fue un golpe devastador para el mundo bizantino del que nunca se recuperó realmente. Tanto en Oriente como en Occidente circularon escabrosos relatos de los horrores asociados a la caída de la ciudad, como la violación de monjas, la destrucción de iconos y el saqueo de iglesias. Gran parte de lo que no fue destruido en términos de arte, estatuas y reliquias sagradas fue saqueado o vendido y acabó adornando las ciudades de Italia (sobre todo la antigua colonia bizantina de Venecia), así como los monasterios y catedrales del resto de la cristiandad occidental.

Es comprensible que muchos observadores occidentales vieran los sucesos de 1204 con considerable inquietud moral, y hubo que inventar enrevesadas justificaciones teológicas y providenciales para los «robos sagrados» (*furta sacra*) en los que habían participado los cruzados (incluido el clero latino). De forma igualmente comprensible, muchos comentaristas orientales reaccionaron viendo a los occidentales con una hostilidad sin paliativos: los latinos o francos se veían cada vez más en el papel del «otro» frente al que se definían los bizantinos. Esto era especialmente cierto en términos de identidad religiosa.

Desde que Roma había dejado de ser una parte directamente administrada del Imperio Romano, las relaciones entre Bizancio y los obispos o Papas de Roma habían sido periódicamente tensas, y a partir de los siglos VIII y IX en particular la Iglesia occidental (encabezada por el Papa) y la bizantina (encabezada por el Patriarca de Constantinopla) habían empezado a divergir en cuanto a prácticas y costumbres.

La aparición del papado como poder político autónomo en el siglo XI había exacerbado estas tensiones, provocando un breve «cisma» entre Oriente y Occidente en 1054. Sin embargo, papas, emperadores y patriarcas habían seguido colaborando cuando las circunstancias lo requerían (como demostraron los antecedentes de la Primera Cruzada). Sin embargo, a partir de 1204, esta cooperación se hizo casi imposible. Las diferencias en la práctica se convirtieron cada vez más en desacuerdos sobre teología, centrados en particular en las adiciones latinas al credo. Mientras emperadores pragmáticos como Miguel VIII Paleólogo (1261-82) seguían intentando restaurar la unidad eclesiástica a través de acuerdos con el papado, conscientes de que Bizancio seguía siendo vulnerable a los ataques de Occidente y necesitaba el apoyo latino contra los turcos, la Iglesia imperial se volvía cada vez menos dócil. El mero hecho de tender la mano al Papa fue interpretado por algunos como un acto de impiedad. La ortodoxia (basada en la hostilidad a Roma) y la identidad bizantina se estaban unificando.

Al mismo tiempo, la ocupación latina llevó a elementos de la élite culta de Bizancio a reconsiderar el aspecto griego de su identidad. Los bizantinos, como hemos visto, siempre se consideraron a sí mismos (y siempre fueron considerados por sus vecinos orientales) como romanos. Sin embargo, a partir del siglo VIII, esta identidad romana se vio cuestionada por occidentales (como los emperadores carolingio y otomano) que también querían reivindicar el pasado romano y que respondieron llamando griegos a los bizantinos.

Para los propios bizantinos, el término griego o «heleno» había servido tradicionalmente no tanto como una designación étnica, sino más bien religiosa, es decir, pagana. Sin embargo, a partir de 1204, los intelectuales bizantinos empezaron a reivindicar la identidad griega que les había sido proyectada desde el exterior y a apropiársela como forma de resistencia a la intrusión y el dominio latinos. Se inició así un proceso gradual por el que la identidad ortodoxa romana empezaría a dar paso a la ortodoxa griega.

Desde el punto de vista político, la caída de Constantinopla en manos de los cruzados había provocado su fragmentación, ya que los conquistadores de la ciudad habían nombrado a su propio emperador, Balduino de Flandes (1204-5), y a su propio patriarca latino. Los occidentales también proyectaron su dominio sobre Tesalónica y sus territorios circundantes en el norte de Grecia y Macedonia, y en el sur de Grecia y el Peloponeso, donde los aventureros latinos se labraron sus propios feudos. Sin embargo, Chipre, Serbia y Bulgaria ya habían quedado fuera del control imperial, y en torno a Trebisonda, en la costa del Mar Negro, Nicea, en Asia Menor occidental, y Epiro, en Grecia central y noroccidental, surgieron regímenes autónomos de habla griega y ortodoxos que reclamaban el manto de los emperadores de Constantinopla, la Nueva Roma.

Estos «gobiernos en el exilio» bizantinos compitieron entre sí y nunca llegaron a reintegrarse plenamente en un Estado bizantino unificado, ni siquiera después de que Miguel VIII el Palatino expulsara a los latinos de Constantinopla desde su base de Nicea en 1261 y restableciera la apariencia de imperio (el dominio latino se había vuelto vulnerable desde el principio tras una gran derrota a manos de los búlgaros en 1207). De este modo, el Imperio de Trebisonda (dirigido por un miembro de la dinastía comneniana) se labró un lugar cada vez más lucrativo como principal *centro de distribución* en el extremo occidental de la ruta de la seda, mientras que el Imperio de Epiro mantuvo su identidad propia hasta que fue conquistado por los serbios en el siglo XIV. También en el sur de Grecia y Chipre se mantuvieron regímenes latinos localizados, cuyos dirigentes entablaban relaciones cada vez más simbióticas con las élites locales de habla griega (conocidas como *archontes),* con las que conspiraban en la explotación del campesinado.

Constantinopla siguió siendo durante todo este periodo un gran centro de intercambio y comercio internacional. Sin embargo, el producto de ese comercio llenaba principalmente los bolsillos de los mercaderes extranjeros y de la aristocracia bizantina (que cada vez confiaba más sus ahorros a cuentas bancarias en Italia). Por el contrario, la fragmentación política de sus territorios hizo que el gobierno bizantino se empobreciera progresivamente y dependiera aún más que antes de enfrentar a sus rivales entre sí para asegurar su supervivencia política.

En 1282, por ejemplo, en un episodio conocido como «las Vísperas sicilianas», las autoridades bizantinas patrocinaron un levantamiento indígena y una invasión aragonesa de Sicilia que sirvieron para impedir que Carlos de Anjou, hermano del rey francés Luis IX (que reclamaba el Imperio latino de Constantinopla) lanzara una campaña de reconquista contra la ciudad. En palabras de la *Crónica* franca *de Morea,* ahora era «con engaño y astucia» como los bizantinos libraban las batallas con los francos.

Fue un signo del agotamiento financiero imperial que en 1343 (en el contexto de una guerra civil) se hipotecaran las joyas de la corona a Venecia (que siguió siendo una fuerza importante en la vida comercial del imperio), mientras que en algún momento entre 1354 y 1366 el gobierno imperial dejó de acuñar monedas de oro, poniendo fin así a una tradición que se remontaba al emperador Constantino.

Sin embargo, la vida cultural floreció. El renovado énfasis en el componente griego de la identidad bizantina condujo a un auténtico compromiso intelectual con la tradición clásica, tanto en literatura como en filosofía (ejemplificado por la figura incon-

Figura 8. Representación en mosaico de Teodoro Metochites ofreciendo su monasterio a Cristo (siglo XIV). Wikipedia. Gothika

formista pero brillante de Plethon), y por primera vez se tradujo al griego un corpus significativo de escritos en latín (desde Cicerón hasta Tomás de Aquino).

El arte religioso bizantino alcanzó su clímax creativo durante el periodo palaio, en el que se combinó un profundo sentido de lo místico, inspirado en las tendencias teológicas contemporáneas, con un novedoso énfasis en las escenas narrativas. Los frescos y mosaicos que se conservan de la iglesia monástica de Chora (actual Museo Kariye de Estambul), fundada por el estadista y erudito del siglo XIV Teodoro Metochites, son un vivo testimonio de la calidad del arte bizantino tardío, que igualaba e igualaba al de la Italia contemporánea (véase la figura 8).

El hecho de que el arte bizantino siguiera siendo emulado y copiado mucho más allá de los confines políticos del imperio, especialmente en los Balcanes y, más tarde, en Rusia, donde alcanzó su espiritualización más intensa de la mano de un artista conocido como Teófanes el Griego, activo en Nóvgorod y Moscú, es un signo del prestigio cultural que seguía teniendo el imperio.

Sin embargo, como tantas otras veces, fue la reconfiguración del poder en la frontera oriental de Bizancio lo que determinó la suerte del imperio. La capacidad de la administración bizantina de Nicea para contener primero y extirpar después el régimen latino de Constantinopla se había visto muy favorecida por el carácter relativamente apacible de los turcos selyúcidas, con los que había podido negociar unas relaciones relativamente pacíficas. Sin embargo, en el siglo XIII se produjo un declive general del poder selyúcida, al igual que en el anterior declive del califato abbasí, ya que el liderazgo activo de la *yihad* contra los cristianos de Rum (como los conocían los turcos) pasó a manos de una serie de señores de la marcha o *ghazis* («defensores de la fe») de origen turco, de base local y con motivaciones religiosas.

La autonomía de estos *ghazis* había aumentado considerablemente en 1243, cuando los selyúcidas fueron derrotados por el poder nómada en rápida expansión de los mongoles, cuyo imperio se extendía hasta abarcar no sólo Persia, sino también China al este. Convertida en tributaria del *Ilkhan* mongol de Persia, la dinastía selyúcida estaba arruinada.

«¿Qué haces ahora, antigua gloria de Roma?»

El vacío de poder provocado por el declive selyúcida fue ocupado por las ambiciones contrapuestas de los cada vez más agresivos *ghazis* de la zona fronteriza, cuya capacidad para obtener botín y esclavos de sus vecinos cristianos les llevó a una rápida acumulación de seguidores y prestigio. En particular, desde su base en el noroeste de Anatolia, la dinastía de Osman (fallecido *hacia* 1324), Orhan (*hacia* 1324-62) y Murad I (1362-89) se expandió rápidamente hacia el oeste contra el restaurado Imperio bizantino y hacia el sur y el este contra sus rivales turcos.

En 1354, estos turcos «otomanos» (llamados así por Osman) lograron expandir su poder en Europa, capturando Galípoli antes de extender su control sobre Macedonia y Bulgaria. En un encuentro decisivo en 1389, el príncipe serbio Lazar fue derrotado en la batalla de Kosovo, lo que supuso un rápido colapso de la posición cristiana y abrió el camino a la colonización a gran escala de los Balcanes por turcos musulmanes, que prestaban servicio militar a cambio de tierras. En 1396, los turcos también derrotaron a un gran ejército cruzado enviado contra ellos en la batalla de Nicópolis, y el sultán Bayezid I (1389-1402) avanzó hacia Hungría, extendiendo su poder hasta el sur del Danubio. Expulsado de Asia Menor, el Imperio bizantino se encontró rodeado.

La situación desde la perspectiva de Constantinopla era ahora crítica. Desde la Cuarta Cruzada, se había hecho evidente para los miembros de las clases gobernantes bizantinas que su imperio no estaba destinado a ser eterno, sino que, como todos los demás imperios, estaba sujeto no sólo a la decadencia, sino a la destrucción. De hecho, a principios del siglo XIV, el estadista y erudito Theodore Metochites había admitido ese mismo punto.

Sin embargo, la destrucción parecía inminente. El emperador Manuel II Paleólogo (1391-1425) realizó una visita a Occidente para solicitar ayuda. En París, fue agasajado por los profesores de la Sorbona y alojado en el Louvre, mientras que el día de Navidad de 1400 cenó con el rey Enrique IV de Inglaterra en el palacio de Eltham. El cortesano de Enrique, Adam de Usk, comentó lo sucedido: «Reflexioné sobre lo penoso que era que este gran príncipe cristiano fuera expulsado por los sarracenos desde el más lejano oriente hasta estas islas occidentales más lejanas... Oh Dios, ¿qué haces ahora, antigua gloria de Roma?».

Aunque fue recibido con honores, Manuel recibió poco apoyo tangible. Sin la unión eclesiástica con Roma, no habría un compromiso militar sustancial por parte de Occidente. Sin embargo, el legado de los acontecimientos de 1204 significaba que tal unión nunca sería aceptable para la mayoría de los líderes de la Iglesia bizantina, que habían aprendido que la verdadera religión era capaz de sobrevivir tanto si un emperador se sentaba en el trono de Constantinopla como si no. Así, aunque en el Concilio de Florencia de 1439 el sucesor de Manuel como emperador, Juan VIII (1425-48), cedió esencialmente a las demandas occidentales y aceptó la supremacía papal, su capitulación fue rechazada de plano por los obispos orientales. Su rendición teológica también fue denunciada por los gobernantes ortodoxos de Rusia, que con el tiempo reclamarían ser los verdaderos herederos de Constantino y que su capital en Moscú era la «Tercera Roma».

De hecho, la presión sobre Bizancio había disminuido ligeramente a principios del siglo XV. En 1402, los otomanos fueron derrotados por los mongoles en la batalla de Ankara. Este revés condujo a una prolongada guerra civil entre los hijos de Bayezid, de la que Mehmed I (1413-21) acabó saliendo triunfante, restableciendo rápidamente el control del Imperio otomano y reiniciando su expansión.

Intentando aprovecharse de las luchas en el seno de la dinastía y la corte otomanas (pero normalmente apoyando al bando perdedor), las autoridades de Constantinopla volvieron a intentar desesperadamente negociar la supervivencia, reconociendo incluso el señorío otomano. Sin embargo, ahora no había ninguna fuerza lo bastante poderosa como para enfrentarse a los turcos. En consecuencia, era sólo cuestión de tiempo que se hiciera un esfuerzo concertado para tomar la ciudad, cuyas murallas terrestres, hasta entonces inexpugnables (los cruzados habían entrado en 1204 a través de las defensas marítimas de Constantinopla), parecían ahora cada vez más vulnerables ante la llegada de la pólvora y el cañón.

En el palacio de los Césares

Para Bizancio, el final llegó con el ascenso al poder de un joven príncipe ansioso por establecer sus credenciales militares. En 1451, el sultanato otomano pasó a manos de Mehmed II (1451-81), de 19 años, contra quien el emperador bizantino reinante, Constantino XI (1449-53), intentó maquinar. Esto proporcionó a Mehmed un pretexto para la guerra, para la que se preparó cuidadosamente construyendo enormes fortificaciones en el Bósforo, imponiendo controles al tráfico marítimo y estrangulando gradualmente la ciudad. El 6 de abril de 1453 se inició un asalto en toda regla a las murallas terrestres, combinado con un ataque desde el mar.

Asistida por mercenarios catalanes e italianos, la resistencia bizantina fue férrea, con civiles y monjas ayudando a transportar suministros a las tropas en las murallas. Sin embargo, la presión militar turca fue inexorable. Al principio, Mehmed y sus generales lanzaron irregulares (*bashi-bazouks*) contra las murallas de la ciudad para desgastar a sus defensores. Sólo cuando estos aventureros ávidos de botín (entre los que había griegos y eslavos cristianos) fueron rechazados, se enviaron los regimientos de turcos de Anatolia y el cuerpo de élite de los jenízaros.

Finalmente, se abrió una brecha en las murallas en el sector noroeste, cerca de Blachernai, donde supuestamente la Virgen María había intervenido contra los ávaros en 626. Ahora, sin embargo, no iba a

Figura 9. Miniatura de una copia cretense del siglo XVI de los *Oráculos de León el Sabio*, que representa la resurrección anticipada de Constantino XI 124. Biblioteca Bodleian, Universidad de Oxford. MS Barocci 170 f14r

haber intervención divina. Cuando las tropas otomanas atravesaron las murallas y se desplegaron por la ciudad, el emperador Constantino XI y su séquito hicieron una heroica última resistencia, lanzándose a la *melé*. Según fuentes contemporáneas, el cuerpo del emperador nunca fue encontrado. Algunos afirman que fue arrancado de la escena por un ángel, que lo convirtió en mármol y lo escondió en una cueva, de donde regresaría algún día para liberar a su pueblo (figura 9).

Mientras las banderas turcas se izaban sobre la ciudad, los líderes de algunas comunidades periféricas, como las que rodeaban la iglesia de San Juan de Stoudios, al suroeste, o los comerciantes latinos de Galata (Pera), al noreste, se sometieron formalmente a los turcos. A estas comunidades se les permitió escapar con sus propiedades y lugares de culto prácticamente intactos. En cuanto al resto, de acuerdo con las reglas de la *yihad,* fueron entregadas al ejército de infantería, al que se permitió saquear la ciudad durante tres días, violando, masacrando o esclavizando a sus habitantes según les pareciera.

Sin embargo, todos los edificios públicos eran propiedad del sultán Mehmed II, que ahora ostentaba el título de *Fatih* o «conquistador» (figura 10). La gran catedral de Santa Sofía, donde se habían refugiado muchos habitantes de la ciudad, fue asaltada. Mehmed se dirigió hacia allí y declaró que debía convertirse inmediatamente en mezquita. Mientras el *almuédano* pronunciaba la declaración de fe islámica desde el púlpito, el sultán subió al altar despojado para dirigir las oraciones. Después de dar gracias a Alá por su victoria, Mehmed visitó los salones en ruinas del antiguo palacio, donde susurró las palabras de un poeta persa: La araña teje las cortinas en el palacio de los Césares; el búho llama a las guardias en las torres de Afrasiab».

Figura 10. Mehmed el Conquistador oliendo una rosa. Wikipedia. Dominio público

La visión del imperio

A la caída de Constantinopla en 1453 pronto seguiría la conquista otomana de la mayoría de los puestos de avanzada que quedaban en el amplio mundo bizantino. Trebisonda, por ejemplo, se incorporó al reino otomano en expansión en 1461, lo que supuso el fin del estado autónomo comneno que había sobrevivido allí desde 1204. Un número significativo de griegos pónticos se reasentaron en Constantinopla, ciudad a la que Mehmed II deseaba devolver la prosperidad económica y que acabó estableciendo como capital de su ahora extenso imperio.

Al gobernar desde la ciudad de Constantina, quizá fuera inevitable que Mehmed y sus sucesores recurrieran a elementos del legado político y cultural bizantino. El sultán estaba deseoso de recurrir a los servicios de los miembros supervivientes de la aristocracia bizantina (aunque había aniquilado a sus principales miembros), y algunos de sus cortesanos de habla griega, muchos de los cuales se convirtieron al islam, le concedieron el antiguo título imperial de *basileus*. Se restauró el patriarcado ortodoxo y se encomendó al patriarca el liderazgo y la responsabilidad sobre los súbditos ortodoxos griegos del sultán (estableciendo así a la Iglesia como el principal vehículo para la supervivencia de la identidad griega en los siglos venideros).

Además, Mehmed y sus herederos estaban decididos a basarse literalmente en los logros de los gobernantes de Bizancio: bajo el palacio de Topkapi, desde el que gobernaban, enterraron los sarcófagos de los gobernantes bizantinos, entre ellos Heraclio, cuyas tumbas se habían colocado originalmente en la iglesia de los Santos Apóstoles, mientras que dicha iglesia fue demolida y sustituida por una mezquita en honor a Mehmed Fatih.

Aunque a partir de entonces sería una ciudad predominantemente musulmana, la Constantinopla otomana seguiría albergando una importante población cristiana. Alrededor de las oficinas del patriarca ortodoxo, por ejemplo, se formaría una nueva élite grecoparlante de intermediarios y funcionarios (conocidos como «fanariotas», por el distrito de Fanar, donde tendría su sede el Patriarcado). Muchos de estos hombres reivindicaron su ascendencia bizantina (en gran parte espuria) y, en el siglo XVIII, continuaron escribiendo griego en estilo ático, a la manera de la Segunda Sofística.

Constantinopla, por supuesto, también siguió siendo una ciudad imperial hasta la abolición del Imperio Otomano en 1923, y los cristianos de habla griega, así como los armenios y los judíos, siguieron siendo un elemento vital en ella. Sólo en 1960, la última comunidad griega importante fue expulsada en un *pogromo* de inspiración política.

De hecho, parte del gran legado de Bizancio sería la visión de Constantinopla como capital imperial. En consecuencia, a medida que el poder otomano comenzaba a menguar en los siglos XVIII y XIX, las potencias vecinas la observaban celosamente y competían por establecerse en ella. Esto fue especialmente cierto en el caso de los zares rusos, que aspiraban a restablecer Constantinopla como ciudad cristiana (en la Primera Guerra Mundial, por ejemplo, se llegó a confiar a un oficial imperial ruso de ascendencia griega una cruz que debía colocarse en lo alto de Santa Sofía cuando se previera la toma de la ciudad por los rusos).

El sueño de un Imperio cristiano restaurado y gobernado desde Constantinopla no llegó a su fin hasta 1922, cuando los ejércitos del relativamente reciente

Reino de Grecia, gobernado por el rey Constantino, se lanzaron a la conquista del territorio de Asia Menor occidental (donde existían grandes comunidades de habla griega) con una ambición desmesurada, para acabar derrumbándose ante las fuerzas del comandante turco Kemal Ataturk («el padre de los turcos»). Ataturk expulsó a los griegos, declaró una república, rebautizó oficialmente Constantinopla como Estambul y trasladó la capital de su nuevo Estado a Ankara.

Por supuesto, Bizancio también dejaría un legado cultural, en parte a través de la Iglesia ortodoxa, su liturgia, su arte y su música, así como de sus eruditos e intelectuales, muchos de los cuales habían emigrado a Italia para enseñar griego mucho antes de la caída de su patria en 1453. Si los *filósofos* de la Ilustración acabaron despreciando los logros culturales y políticos de Bizancio, lo hicieron sobre la base de una formación intelectual en los clásicos que debía mucho a los esfuerzos de los humanistas bizantinos y a su conservación y transmisión de los textos griegos antiguos.

Ahora que las certezas de la Ilustración parecen menos seguras, quizá estemos en mejor posición para apreciar la riqueza y complejidad de una civilización que duró más de mil años y que, como vemos en la poesía de Yeats o aprehendemos en la música del compositor moderno John Taverner, conservó una capacidad de conmover e inspirar mucho tiempo después.

REFERENCIAS

Capítulo 1: ¿Qué era Bizancio?

Sobre la recepción de Bizancio desde el Renacimiento hasta la Ilustración, véase G. Ostrogorsky *History of the Byzantine State* (Oxford, 1968) capítulo 1.

Para Temistio, véase *Politics, Philosophy and Empire in the Fourth Century: Themistius' Select Orations,* tr. P. Heather y D. Moncur (Liverpool, 2001).

Aurelio Víctor *Liber de Caesaribus* tr. H. W. Bird (Liverpool, 1994).

C. Williams *The Arthurian Poems of Charles Williams* (Cambridge, 1982).

Sobre Yeats, véase R. Nelson «The Byzantine Poems of W. B. Yeats» en su *Hagia Sophia 1850-1950: Holy Wisdom Modern Monument* (Chicago, 2004).

Epígrafe tomado de Charles Williams, *Taliessin through Logres*, con la amable autorización de David Higham Associates.

Capítulo 2: Constantinopla, la ciudad gobernante

Amiano Marcelino *Res Gestae* tr. J. C. Role (Cambridge, MA, 1935).

A. Berger *Accounts of Medieval Constantinople: The Patria* (Cambridge, MA, 2013).

Para el «Libro del Prefecto», véase *Roman Law in the Later Roman Empire* tr. E. H. Freshfield (Cambridge, 1938), o J. Koder *Das Eparchenbuch Leons des Weisen* (Viena, 1991).

Constantine Porphyrogenitus *The Book of Ceremonies* tr. A. Moffatt y M. Tall (Canberra, 2012).

P. Magdalino *Studies in the History and Topography of Byzantine Constantinople* (Aldershot, 2007).

Para el oso priápico, los payasos, etc., véase E. Maguire y H. Maguire *Other Icons: Art and Power in Byzantine Secular Culture* (Princeton, 2006).

Historia secreta de Procopio tr. G. Williamson y P. Sarris (Nueva York y Londres, 2007).

Procopio *Historia de las guerras, Historia secreta, Edificios* tr. H. B. Dewing y G. Downey (Cambridge, MA, 1914-40).

Para las estatuas, véase S. Bassett *The Urban Image of Late Antique Constantinople* (Cambridge, 2004).

Capítulo 3: De la Antigüedad a la Edad Media

Acts of the Council of Constantinople of 553 tr. R. Price (Liverpool, 2009).

Sobre el islam como «reacción nativista», véase P. Crone y M. Cook *Hagarism and the Making of the Islamic World* (Cambridge, 1977).

Capítulo 4: Bizancio y el Islam

Digenis Akritis: The Grottaferrata and Escorial Versions tr. E. Jeffreys (Cambridge, 2006).

Para Manuel II, véase *Manuel II Palaiologos: Dialoge mit einem Muslim* tr. K. Fürstel (Wurzburgo, 1995).

E. McGeer *Sowing the Dragon's Teeth: Byzantine Warfare in the Tenth Century* (Washington, DC, 1995).

Capítulo 5: Estrategias de supervivencia

Para el concepto de «Commonwealth bizantina», véase D. Obolensky *The Byzantine Commonwealth* (Londres, 1971).

Sobre el concepto de «revolución feudal» bizantina, véase M. Whittow «The Middle Byzantine Economy (600-1204)» en J. Shepard (ed.) *The Cambridge History of the Byzantine Empire* (Cambridge, 2008), y P. Sarris «Large Estates and the Peasantry in Byzantium», *Revue Belge de Philologie et d'Histoire* 90 (2012).

Obras completas de Liudprand de Cremona tr. P. Squatriti (Washington, DC, 2007).

Constantine Porphyrogenitus *De Adminstrando Imperio* tr. R. J. H. Jenkins (Washington, DC, 1967).

Anna Komnene *La Alexíada* tr. E. R. A Sewter y P. Frankopan (Londres y Nueva York, 2009).

El Strategikon del emperador Mauricio tr. G. T. Dennis (Filadelfia, 1984).

Capítulo 6: Texto, imagen, espacio y espíritu

Historias de Agatías tr. J. D. Frendo (Berlín, 1975).
Atanasio *The Life of Antony and the Letter to Marcellinus* tr. R. C. Gregg (Mahwah, 1979).
A. Cameron y J. Herrin *Constantinople in the Early Eighth Century: The Parastaseis Syntomoi Chronikai* (Leiden, 1984).
La crónica de John Malalas tr. E. Jeffreys, M. Jeffreys y R. Scott (Melbourne, 1986).
Sobre la Iglesia y la cultura visual, véase E. Maguire y H. Maguire *Other Icons: Art and Power in Byzantine Secular Culture* (Princeton, 2006).
Para Cosmas, véase *La Topographie Chrétienne de Cosmas Indicopleuste* tr. W. Wolska-Conus (París, 1968-73).
Para «espejo deformante», véase C. Mango «Byzantine Literature as Distorting Mirror» en M. Mullett (ed.) *Byzantium and the Classical Tradition* (Birmingham, 1981).
Para la biblioteca de Cecaumenos, véase C. Mango *Byzantium: The Empire of New Rome* (Londres, 1983), capítulos 6 y 13.
Ciudad de Bizancio Anales de Nicetas Coniata tr. H. J. Magoulias (Michigan, 1984).
Focio *La Bibliotheca* tr. N. Wilson (Londres, 1994).
Procopio *La historia secreta* tr. G. A. Williamson y P. Sarris (Londres, 2007)-incluye un análisis de sus otras obras.
Para las respuestas a las estatuas, véase E. Maguire y H. Maguire *Other Icons: Art and Power in Byzantine Secular Culture* (Princeton, 2006), y C. Mango «Antique Statuary and the Byzantine Beholder», *Dumbarton Oaks Papers* 17 (1963).
Sobre Romanos y el desarrollo del verso bizantino, véase

C. A. Trypanis *The Penguin Book of Greek Verse* (Nueva York y Londres, 1971).
Historia de Teofilacto Simocatta tr. M. y M. Whitby (Oxford, 1985).
St Basil on the Value of Greek Literature ed. N. Wilson (Londres, 1975). N. Wilson (Londres, 1975).
The Works of the Emperor Julian tr. W. C. Wright (Cambridge, MA, 1913).

Capítulo 7: Fin del imperio

Para conocer las influencias bizantinas en la música de John Tavener, escuche, por ejemplo, sus *Two Hymns to the Mother of God* («Dos himnos a la Madre de Dios») (1985).
Sobre Manuel II en Occidente y Mehmed II en Constantinopla, véase S. Runciman *The Fall of Constantinople 1453* (Cambridge, 1965).

PARA SABER MÁS

General

M. Angold *Byzantium: The Bridge from Antiquity to the Middle Ages* (2001).
A. Cameron *Byzantine Matters* (Princeton, 2014).
A. Cameron *The Byzantines* (Nueva York, 2009).
C. Mango *Byzantium: The Empire of New Rome* (Londres, 1983).
C. Mango *The Oxford History of Byzantium* (Oxford, 2002).
J. Shepard (ed.) *The Cambridge History of the Byzantine Empire c.500-1492* (Cambridge, 2008).

Capítulo 1: ¿Qué era Bizancio?

J. Bardill *Constantino: Divine Emperor of the Christian Golden Age* (Cambridge, 2012).
T. D. Barnes *Constantine: Dynasty, Religion and Power in the Later Roman Empire* (Nueva York, 2010).
P. Brown *The World of Late Antiquity* (Londres, 1971).
P. Stephenson *Constantine: Unconquered Emperor, Christian Victor* (Londres, 2009).

Capítulo 2: Constantinopla, la ciudad gobernante

S. Bassett *The Urban Image of Late Antique Constantinople* (Cambridge, 2004).

J. Harris *Constantinople: Capital of Byzantium* (Londres, 2007).

P. Magdalino *Studies in the History and Topography of Byzantine Constantinople* (Aldershot, 2007).

C. Mango *Byzantine Architecture* (Londres, 1986).

C. Mango *Le développement urbain de Constantinople* (París, 1985).

Capítulo 3: De la Antigüedad a la Edad Media

A. Cameron *The Mediterranean World in Late Antiquity, c.395-700* (Londres, 2011).

G. Dagron *Emperor and Priest: The Imperial Office in Byzantium* (Cambridge, 2003).

J. Haldon *Bizancio en el siglo VII: The Transformation of a Culture* (Cambridge, 1993).

J. Howard-Johnston *Witnesses to a World Crisis* (Oxford, 2010).

P. Sarris *Empires of Faith: The Fall of Rome to the Rise of Islam* (Oxford, 2011).

Capítulo 4: Bizancio y el Islam

L. Brubaker y J. Haldon *Byzantium in the Iconoclast Era, c.680-850, A History* (Cambridge, 2010).

R. Hoyland *Seeing Islam As Others Saw It* (Princeton, 1997).

C. Robinson (ed.) *The New Cambridge History of Islam, Volume One: The Formation of the Islamic World, Sixth to Eleventh Centuries* (Cambridge, 2011).

I. Shahid *Byzantium and the Arabs in the Fifth Century* (Washington, DC, 1989).

Capítulo 5: Estrategias de supervivencia

M. Angold *The Byzantine Empire 1025-1204* (Londres, 1984).

P. Frankopan *The First Crusade: The Call From the East* (Londres, 2012).

C. Holmes *Basil II and the Governance of Empire* (Oxford, 2005).

P. Magdalino *The Empire of Manuel I Komnenos, 1143-1190* (Cambridge, 1991).

D. Obolensky *The Byzantine Commonwealth* (Londres, 1971).

J. Shepard y S. Franklin *Byzantine Diplomacy* (Aldershot, 1992).

P. Stephenson *Byzantium's Balkan Frontier: A Political Study of the Northern Balkans 900-1204* (Cambridge, 2006).

M. Whittow *The Making of Orthodox Byzantium* (Londres, 1996).

Capítulo 6: Texto, imagen, espacio y espíritu

J. Baun *Tales From Another Byzantium: Celestial Journey*

and Local Community in the Medieval Greek Apocrypha (Cambridge, 2007).
R. Cormack *Byzantine Art* (Oxford, 2000).
A. Kaldellis *Hellenism in Byzantium* (Cambridge, 2007).
P. Lemerle *Byzantine Humanism* (Canberra, 1987).
R. Macrides (ed.) *History as Literature in Byzantium* (Aldershot, 2010).
E. Maguire y H. Maguire *Other icons: Art and Power in Byzantine Secular Culture* (Princeton, 2006).
C. Mango *The Art of the Byzantine Empire 312-1453* (Toronto, 1986).
C. Mango *Byzantine Architecture* (Milán, 1986).
C. Mango *Byzantium: The Empire of New Rome* (Oxford, 1983).

Capítulo 7: Fin del imperio

A. T. Aftonomos *The Stream of Time Irresistible: Byzantine Civilisation in the Modern Popular Imagination* (Montreal, 2005).
D. Angelov *Imperial Ideology and Political Thought in Byzantium 1204-1430* (Cambridge, 2009).
M. Angold *A Byzantine Government in Exile: Government and Society Under the Laskarids of Nicaea 1204-61* (Oxford, 1975).
M. Angold *The Fall of Constantinople to the Ottomans* (Londres, 2012).
J. Harris *The End of Byzantium* (New Haven, 2010).
J. Harris, C. Holmes y E. Russell (eds.) *Byzantines, Latins and Turks in the Eastern Mediterranean World After 1150* (Oxford, 2012).

H. Inalcik *The Ottoman Empire: The Classical Age 1300-1600* (Londres, 1973).

P. Mansel *Constantinopla: City of the World's Desire, 1453-1924* (Londres, 1995).

G. Page *Being Byzantine: Greek Identity before the Ottomans* (Cambridge, 2008).

S. Runciman *Byzantine Style and Civilization* (Cambridge, 1975).

S. Runciman *The Fall of Constantinople 1453* (Cambridge, 1965).

T. Shawcross *The Chronicle of Morea: Historiography in Crusader Greece* (Oxford, 2009).

K. Ware *The Orthodox Way* (Mowbray, 1979).